阅读世界的金钥匙

王延明 主编

山东城市出版传媒集团·济南出版社

图书在版编目（CIP）数据

阅读世界的金钥匙 / 王延明主编. -- 济南：济南出版社，2022.12
ISBN 978-7-5488-5347-3

Ⅰ.①阅… Ⅱ.①王… Ⅲ.①阅读课 – 小学 – 教学参考资料 Ⅳ.①G624.233

中国版本图书馆CIP数据核字(2022)第216580号

阅读世界的金钥匙 YUEDU SHIJIE DE JINYAOSHI

出 版 人	田俊林
责任编辑	李　敏　张冰心
	高邦哲　孙梦岩
装帧设计	胡大伟
出版发行	济南出版社
地　　址	济南市市中区二环南路1号（250002）
编辑热线	（0531）82890802
发行热线	（0531）86922073　67817923
	86131701　86131704
印　　刷	山东联志智能印刷有限公司
版　　次	2022年12月第1版
印　　次	2022年12月第1次印刷
成品尺寸	170 mm×240 mm　16开
印　　张	15.75
字　　数	186千字
定　　价	59.00元

（济南版图书，如有印装错误，请与出版社联系调换，联系电话：0531-86131736）

《阅读世界的金钥匙》编委会

主　　编　王延明
副 主 编　崔　振　高　娜
编　　委　李欣欣　林秀霞　闫　菡　张　玲　罗晓萌
　　　　　孟　文　杨　婷　曾　晖　马大琴　梁　静
　　　　　张学芳　王　岩　尹　玥　张　雪　刘　铮
　　　　　郭晓露　史　荣　牟建林　杨晓然　惠　刚
　　　　　卢　娇

目 录

童话阅读 / 001

    1 人物大"变形"让童话世界新奇有趣 / 002

    2 反复性情节让童话世界跌宕起伏 / 010

    3 不可思议的幻想 / 018

    4 惩恶扬善的主题人物形象 / 028

    5 隐喻 / 041

    6 童话中的美好结局 / 050

神话阅读 / 057

    1 半人半兽的形象 / 058

    2 超乎寻常的神力 / 065

    3 对"神"的献身精神的崇尚 / 071

    4 神秘莫测的故事情节 / 078

    5 弘扬民族正气 / 086

    6 浪漫主义与现实主义相结合 / 093

动物小说阅读 / 101

    1 预测故事情节 / 102

    2 抓住细节体会动物形象 / 112

    3 动物形象的人格化 / 119

    4 "离家—回家"模式 / 128

    5 借助思维导图厘清故事情节 / 137

    6 悲壮的结局 / 146

古典名著阅读 / 155

1 品读《红楼梦》中的诗词 / 156

2 环境描写 / 160

3 连锁、曲折的故事情节 / 164

4 细节描写塑造人物形象 / 169

5 绰号文化 / 176

6 礼仪文化 / 180

外国小说阅读 / 185

1 小人物 大剧场 / 186

2 扣人"心"弦 / 198

3 对比 / 210

4 讽刺手法 / 220

5 "尾巴"的魔力 / 226

6 揭开象征的神秘面纱 / 238

童话阅读

1 人物大"变形"
让童话世界新奇有趣

"变形"即形象的异变。这种手法通过扭曲事物的表象来突出事物的实质，是作者的主观情绪、个性气质、审美感情经过幻化对客观事物的投射，可以使现实陌生化，带有神秘色彩，有利于表现特定境遇中人物的特殊情绪，能深刻揭示存在的荒诞及人生的悲剧性，给读者一种新颖、奇特的感觉，让读者得到独特的审美享受。作者在童话创作中，常常运用幻想、夸张等手段把人变成各种事物，或者使人体的某一部分变形。运用变形可以使故事情节发生奇异的转变，还可形成浓郁的幻想气氛。

文本课例

青蛙王子

在人们还可以实现愿望的古代，那时候有个国王，他有好几位公主。虽然每位公主都貌美如花，但是她们中的小公主更是光艳照人，连见过很多世面的太阳，在每次向她洒下万道金光时，也因她的美而惊奇不已。

在国王城堡附近有一片广阔无垠的黑森林，在林中的一棵老菩提树下，有一口水井。天气炎热时，小公主总会到林中的那口井边，坐在凉爽的井台上。如果待的时间比较长，她还会拿出一个金球，在手里抛上抛下，这是她最喜欢的游戏。

有一天，小公主把球抛出后，球却没有落回她抛球的小手里，球掉在井边，然后就滚进了井里，小公主眼睁睁地看着它下沉。那口井很深，简直深不见底，小公主开始哭泣。哭呀哭呀，似乎谁也安慰不了她。就在这时，她听到有个声音对她说，"什么事使您如此伤心啊，公主？您的眼泪连铁石心肠的人也能感动。"小公主抬起头来朝发出声音的地方看去，发现有只青蛙正把它那呆笨脑袋瓜子伸出水面。"噢！是你吗？你这个摇摇晃晃的家伙，"小公主说道，"我是在为我掉到井里的金球而哭呀！""没有关系，别哭了。"青蛙回答，"我能够帮助您，但是如果我再把您的球捡起来，您会给我什么报酬呢？""你要什么我就给你什么，亲爱的青蛙，"公主说，"我的任何衣服、珍珠、宝石，甚至我头上的金冠，都可以。""您的衣服，您的珍珠、宝石，您的金冠我都用不着，"青蛙回答说，"但是，如果您会爱我，把我当作您的同伴，亲吻我一下，那么我就潜入水底，

> 3—5自然段，"变形"后的王子出现了，多读一读，感受一下吧。

替您把金球再拿上来。""好的,"公主思考了一下,答道,"我答应你这个要求,只要你再把球给我拿回来。"

青蛙一听到她表示同意,就钻进水里不见踪影了。一会儿,它嘴里衔着球冒出了水面,然后就把球扔在草地上。当公主看到她的漂亮的玩具时,心里非常欢喜,捡起球就走了。就在这时候,青蛙抬起它可怜巴巴的圆眼睛恳求道:"求您了,亲爱的公主,只有您的吻能够破除邪恶的女巫施在我身上的诅咒。"

> 王子的整个身体都发生了变形,原来这就叫"全部变形"呀,多读一读,你明白了吗?

美丽的公主被它迫切的恳求打动了,她弯下腰,捧起这个滑溜溜的动物,亲吻了这只小青蛙。瞬间,青蛙身上的咒语解除了,变成了一个有着一双迷人而亲切的眼睛的王子。

后来公主与青蛙王子结了婚,从此幸福地生活在一起。

主旨解析

在《青蛙王子》中,英俊的王子被恶毒的巫婆施了咒语,变形成丑陋的青蛙,在肮脏的深水潭里过活。与以往锦衣玉食的生活相比,深水潭里的生活被形容为"地狱"也不为过。

王子变形青蛙这种新奇的变化深得孩子们的喜爱。借助精彩的"变形",故事也显得更加紧张激烈,富有神奇的变化性。

由王子到青蛙这种"变形",能够看出作者具有独特的艺术感觉和丰富大胆的艺术想象。更重要的是,作者不拘泥于习惯性的思维,敢于突破现实的束缚。

"变形"实际上也是一种夸张,不过是更极端的夸张。在童话中,有意识地改变原有形象的性质、形态、特征,使之以异体形象出现,更具有表现力,令人印象深刻,神秘又吸引人探索,是儿童思维启蒙的良好指引。《格林童话》中的"青蛙王子"是因中了魔法而由王子整体变为丑陋的青蛙。

表现手法

"变形"是夸张的极端表现形式，特指在艺术想象中，有目的地改变原有形象的特征、形态等，变异后的形象会使原有形象更具表现力，也是童话中常用的一种表现手法。变形手法可以分为"局部变形"和"全部变形"两种。"局部变形"是将人体或物体的某一部分变形。比如，《木偶奇遇记》中匹诺曹说了谎以后鼻子就会不断变长，《海的女儿》中小人鱼的尾巴在女巫施法后变成了人腿，这些都是局部变形的表现形式。"全部变形"则是整体形象的变形。比如，《青蛙王子》中的"青蛙王子"因中了魔法而由王子变为丑陋的青蛙，《野天鹅》中的七只野天鹅也是中了魔法的王子们发生的变形。

变形手法在民间童话中的运用十分普遍，"魔法变形"是因中了某种魔法而产生的变形，故事的展开会围绕如何恢复原形而进行一系列艰难的斗争。比如"青蛙王子"和"野天鹅"最终都利用外力恢复了王子的原本外貌。再比如"魔力变形"，也就是本身具有某种魔力，可以随心所欲地让自己发生改变。在童话中，神、鬼、妖、巫等特定的形象都具有这种能力。例如，《绿野仙踪》中的奥茨就是一个千变万化的魔术家，他原是个秃头、皱脸、矮小又老丑的人，却能够变成一个美丽的妇人、一只怪兽或其他形象。再比如孙悟空与二郎神的交战，孙悟空一再变形，但都被二郎神识破，二郎神也利用变形来与之斗法，其紧张激烈的争斗扣人心弦，这或许就是《西游记》如此吸引孩子们的重要原因。

现代童话的变形手法更是出神入化，甚至无须借助任何魔法，不拘形式，全由人的意愿来决定。比如在《不肯长大的小泰莱莎》中，小泰莱莎因为不想知道战争的残酷而不愿长大，她就一直那么小小的。后来为了承担照顾全家的责任，她开始希望自己长大一点，于是，她果真就长大了些。再后来，为了对付强盗，她又让自己变成了巨人。制服强盗后，她又慢慢变小，成为全村最漂亮的姑娘。小泰莱莎的变形没有任何外部魔法的干涉，单纯随着她的意愿，想小就小，想大就大，非常自如。这也是变形手法的巧妙运用。在《木偶奇遇记》中，匹诺曹鼻子的长短变化也并不借助外部魔法，只取决于他是否诚实。说谎就变长，诚实就变短，隐含着深刻的教育意义。可见现代童话变形手法的运用较为自由，只是利用变形，给读者以新奇有趣的感觉。而在现代科幻童话中，借助高科技手段发生变形的运用就更为普遍，"变形金刚""机器怪兽"就是最典型的变形形象，这些怪异新奇的童话形象颇受孩子们的欢迎。借助精彩、神奇的变形手法，故事内容也显得更加紧张激烈，富有神秘有趣的变化。

拓展阅读

小鸭变形记

一只小鸭捡到了一块石头，亮亮的，红红的，圆圆的，好像一块红宝石，闪闪发光。更神奇的是，这是一块魔法石头，可以帮忙实现愿望呢！

小鸭对着石头，自言自语地说："真希望我变成一只狐狸！"话刚说完，小鸭的鼻子变得翘翘的，耳朵尖尖的，看上去可狡猾了！

小鸭摸摸自己的鼻子，啊——尖尖的。他觉得自己真的是一只狐狸了！他跌跌撞撞地往前走了一步，他看见小白兔正敲着小鸭家的门:"小鸭子,小鸭子,我给你送糕点了!"

"狐狸"见了,急忙跑过去:"小兔子,小兔子,我在这儿呢!"小兔子吓得尿裤裆了,他提着糕点,慌慌张张地跑走了。一边跑,一边喊:"狐狸来啦!狐狸来啦!"

"狐狸",哦不,是我们的小鸭,这下不想当狐狸了。它对着石头,又一次自言自语:"真希望,能变成一个人,时髦的人!"话刚说完,小鸭的头上戴一顶帽子,帽子上还插着一根羽毛,哈哈,小鸭变成猎人了呢!

小鸭猎人大摇大摆地向前走,见到了小鸡,他连忙跑过去,说:"小鸡,我们一起捉迷藏吗?""唧唧"小鸡尖叫起来,撒腿就跑,跑得无影无踪。

小鸭猎人纳闷了,他摸摸身上的猎枪,哦,这才明白,他变成了一个人,一个猎人。

小鸭猎人对着石头,又开始自言自语地说:"真希望我变成一匹白马。"话刚说完,小鸭的两只脚之间伸出两个弯弯的腿。哈哈,他竟然变成一匹高大的白马了呢!

这时,一个胖胖的男孩冲上去,骑到小鸭白马上,还使劲地摇晃着,小鸭头昏脑涨,快要晕倒过去了呢!

小鸭白马无能为力,等到天黑了,小男孩才下去,小鸭白马累得话也说不清楚了,一个星期下来,小鸭叫苦连天。

小鸭实在受不了了,他赶紧说:"我什么都不要变,我要变回小鸭!"话刚说完,小鸭白马变成了小鸭,在河里快活地唱歌、跳舞、开大会。

"太棒了!"小鸭高兴地说,"原来当小鸭是最开心的事情呀!"

海的女儿

在浩瀚的大海深处，有个鱼儿的王国。海王有6个美丽的女儿，尤其是小女儿比姐姐们更美丽，她善良纯洁，有着美妙动听的声音。她们自由自在、无忧无虑地生活在大海里。老祖母有时会给她们讲些海上的新奇故事，使最小的公主心中充满了对海上世界的憧憬和渴望。

终于盼到了15岁，小公主被允许浮上海面。她兴奋地东张西望，想把一切都收在眼里。这时一艘大船驶近她身旁，船里有许多穿着华丽的人正在为王子庆贺生日。当小人鱼看到英俊的王子时，深深被他吸引住了。忽然一阵狂风暴雨，风浪摧毁了大船，人们落入水中，向海底沉下去。小人鱼冒着生命危险，奋力托起王子的头，把他推到沙滩上，她轻轻吻了王子的额头，躲到远处的水中。等着有人来救他。这时教堂里走出许多人，一位年轻姑娘发现了王子，她叫来一些人，救了王子。王子醒了，他以为是姑娘救了他，一点也不知道小人鱼。回到海里，小人鱼把自己的心事告诉姐姐们，姐姐们告诉她这王子是谁，并指给她王子的住处。于是小人鱼决心去找心爱的王子。

她先找到海巫婆，求她帮助自己实现变成人的愿望。海巫婆为她配制了一种药，告诉她在黎明前喝下它，鱼尾就可变成人的腿，当然，这非常痛苦，如同尖刀劈开身体；而且，每走一步路，脚都会像刀割一样疼。一旦变为人，就再也不能变成鱼儿回到大海了。海巫婆还告诉她：如若王子因爱她而忘掉自己的父母并与她结为夫妇，那她将会得到不灭的灵魂；如若王子与其他女子结婚，那小人鱼将会在王子婚礼的前一天早上死去，变为海里的泡沫。小人鱼脸色苍白，但她毫不畏惧，勇敢地向海巫婆要了药水。作为报酬，海巫婆割去了她的舌头，拿走了她动听的声音。深夜，小人鱼向着熟睡的亲人抛了1000个吻，心痛得似乎要裂成碎片，她悄悄地离去了。

她来到王子的宫殿，在石阶上喝了海亚婆给的药，一阵剧痛使她昏死了过去。醒来时，她见到了王子。对王子的问话，她不能回答，因为她成了哑巴。她为王子跳舞，舞姿轻柔飘逸，人们都看得入了迷，谁也不知她忍受着怎样的疼痛。王子非常爱她，一会儿也不想和她分开，但王子心中还爱着那个救过他的姑娘，王子不知道，正是小人鱼救了他。

国王、王后为王子选中了新娘，她是邻国的公主。王子乘船去接她，发现公主正是救他的姑娘。王子就要与心爱的姑娘结婚了，小人鱼不顾剧烈的疼痛，为他们跳起舞来，这将是她与王子在一起的最后一天了。夜降临了，可怜的小人鱼独自站在船舷，想起了海里的亲人和家乡。忽然，姐姐们出现了。原来，她们为了救妹妹，去求海亚婆。海亚婆要去了她们的头发，给了她们一把尖刀，让小人鱼刺中王子的胸口，这是最后的机会了。她看见王子在睡梦中还叫着新娘的名字，他心中只有她的存在。小人鱼又吻了王子的额头一下，用颤抖的手把刀子扔到海里，自己也跳到大海里去了。天亮了，人们找不到小人鱼，船边的海浪上跳动着一片白色的泡沫。

阅读思考
1. 在《小鸭变形记》《海的女儿》两篇童话中，你对谁的变形最感兴趣呢？
2. 小鸭和小人鱼分别出现了几次变形呢？
3. 小鸭和小人鱼分别变成了什么呢？

童话推荐 《木偶奇遇记》《冰姑娘》《野天鹅》《打火匣》《小猪变形记》

2 反复性情节让童话世界跌宕起伏

就叙事结构而言，童话故事不同于一般文学作品，其在结构上遵循一定的模式，有其自身的运行机制。童话故事的叙述有自己特定的模式和表现手法。反复性情节就是众多表现手法中最明显的一种。反复性情节主要是指有些相似的情节在一篇童话中反复出现。童话故事中的重复结构一般分为三种类型：单纯重复型、一人反复受难型、不同人物同一遭遇型。反复是情节推动的动力，既可以使读者加深印象，加强故事约定俗成的力量，又可以富于变化，增加故事自由灵活的气息。

文本课例

虱子和跳蚤

一只虱子和一只跳蚤合住一室。有一天,它们在鸡蛋壳里酿啤酒,虱子一不小心掉了进去,被烫伤了。小跳蚤于是大呼小叫起来。小房门问它:"小跳蚤,你干吗尖叫呀?""虱子被烫伤了。"

小房门于是"吱吱嘎嘎"响了起来。角落里的扫把听到了,问:"小房门,你为什么叫呀?""我难道不该叫吗?小虱子烫伤了自己,小跳蚤在伤心地哭泣。"小扫把听了便疯狂地扫起地来。一辆小拖车路过时问:"你干吗扫地呀,小扫把?""我难道不该扫吗?小虱子烫伤了自己,小跳蚤在伤心地哭泣,小房门在一个劲地嘎吱嘎吱。"

> 2—5自然段出现了反复性情节。多读一读,好好体会吧。

小拖车听了,于是说:"那我就跑起来吧。"说着便疯了似的狂奔。经过一堆余烬时,余烬问:"你怎么跑得这么急呀,小拖车?""我难道不该跑吗?小虱子烫伤了自己,小跳蚤在伤心地哭泣,小房门在拼命地嘎吱嘎吱,小扫把在一个劲地扫地。"余烬于是说:"那就让我熊熊燃烧起来吧。"说着就燃起了火焰。它旁边的一棵小树问它:"你怎么又烧起来了?""我难道不应该燃烧吗?小虱子烫伤了自己,小跳蚤在伤心地哭泣,小房门在拼命地嘎吱嘎吱,小扫把在一个劲地扫地,小拖车也在奔跑不息。"

小树于是说:"我看我该摇晃自己才是。"说着就不停地摇晃起来,把树叶抖落得满地都是。一个拎着水罐的小姑娘走了过来,看到小树便问:"小树呀,你干嘛这么甩自己呀?""我难道不应该甩吗?小虱子烫伤了自己,小跳蚤在伤心地哭泣,小房门在拼命地嘎吱嘎吱,小扫把在一个劲地扫地,小拖车在奔跑不息,连余烬也重新燃起了自己。"

小姑娘一听，说："那我也该摔碎这水罐。"说着就将水罐摔了个粉碎。冒水的泉眼问："姑娘，你为啥摔破水罐呢？""我难道不应该摔吗？小虱子烫伤了自己，小跳蚤在伤心地哭泣，小房门在拼命地嘎吱嘎吱，小扫把在一个劲地扫地，小拖车也奔跑不息，小树也在不住地摇曳。"

"哦，哦！"泉眼说，"那我就该使劲流才是。"于是开始一个劲地流淌。于是一切都被水淹没了：小姑娘、小树、余烬、小拖车、扫把、小房门、小跳蚤和小虱子，全被淹没了。

> 同学们，你们发现了吗？本文中的语言和情节都出现了反复。

主旨解析

《虱子和跳蚤》没有特定主人公，没有难题和考验，仅仅是语言与情节的重复。相同的动作在不同的动物身上再现，动物在数量和力量上不断增加，每一次增加的方式都跟上次相同。故事中，虱子被烫伤是事情的起因，本来微不足道，但通过其他相关联事物的系列化重复和模仿，造成了一场不同寻常的灾难。内容上的关联性，就像一个大雪球，开始时只有一点点，在前进中不断增强、变大，最后遇到阻碍，戛然而止。从这个故事我们可以看出，虱子被烫伤这样一件小事，经过不同物体的反复模仿，最终导致一切都淹死了的滑稽故事。所以说，重复化结构在民间故事中具有蓄势的功能。类似的重复结构在《格林童话》中还有很多。故事结构的重复，是情节推进不可缺少的一部分。

表现手法

童话是带有鲜明、奇异的幻想色彩的故事，不同于基于事实的传奇。魔法和魔力以及冒险活动是这类故事的主要主题。阅读人群定位于儿童，因此，童话的叙述结构及内容都符合儿童的思维方式与心理发展。在语言表达上，做到了"乐而不淫，哀而不伤"，一直保持平和、温柔，尽量展现一个和平、美好的世界。在内容上，突出了"幻想"，万事万物都可能赋予人性或魔力。比如会说话的动物、会打人的小棒子，甚至最不起眼的虱子和跳蚤，也能发生千奇百怪的故事。从结构上来说，童话故事情节都比较单纯，不会像小说一样枝节横生或者有作家跳出来打抱不平抒发感慨。童话一般都围绕一个主人公展开故事，讲述主人公在特定场景中的奇幻故事。故事情节交代得比较清楚，有头有尾。在情节发展过程中，重复结构的作用显而易见。

1. 单纯性重复

这类故事数量不多且独立性不强。故事情节并非单纯的再现，往往是积累式发展。每一次重复，都是对前文的"继承"，也是对前文的"发展壮大"，在原先的数量或力量上不断积累，把矛盾放大，直至最后大冲突爆发。

2. 同一人物反复经受考验

同一人物的反复受难，是民间文学叙事中最常见的一种。这类故事以一个主人公的活动为中心，叙述他的多次困难遭遇或折磨、考验。当重复到三次或四次时，问题一般都会得到解决，故事也随之结束。整个故事就像一个大循环，而且这种循环结构往往有递进的特点。

3. 不同人物同一际遇型

故事中各类人物本领的大与小、智慧的丰盈与贫乏，只要把他们置于同一情景之中，立见差异。这类故事中往往两个或三个人去经历同样的遭遇，由主人公自身品质决定最后结局，有很强的对比色彩。重复结构也可利用细小变化获得意想不到的效果。

反复性情节，情节相似，但并不相同。这些反复情节中都有变化，正是这些变化在不断推动整个童话故事的发展。反复性情节的结构类型是多种多样的。反复有时候是为了使人物性格丰满；有时候是为了进行善恶、好坏、美丑的对比，达到教育目的。从以上类型的反复性情节结构中我们可以看出，反复情节对推动故事发展、丰富故事内容、升华艺术效果有着非常重要的作用。

拓展阅读

渔夫和金鱼的故事

一个贫穷的渔夫捞上来一条会说话的小金鱼，小金鱼说只要将他放回大海，就会满足渔夫的所有要求。善良的渔夫没有提任何要求就把小金鱼放了，空手而归。

渔夫回家时，他的老婆正在用破木盆洗衣服，渔夫跟她讲了放走会说话的小金鱼的事。老太婆听了，训斥他说："你这个傻瓜，你为什么不向他要一个新木盆呢？"第二天，渔夫对小金鱼说："我的老婆要一个新木盆。"小金鱼回答："你们会有新木盆的。"

> 哪些自然段出现了反复性情节？在这些段落前画上星星，多读一读吧。

渔夫回到家里，老太婆有了新的洗衣盆，但她不满意，又接着训斥："你这个大傻瓜，我们的小草房又破又烂，你应该去向他要一间好房子。"第二天，渔夫将老太婆新的要求告诉了小金鱼，小金鱼说"你们会有一座好房子的。"

渔夫回到家里，看到了一栋崭新的大房子。但是，老太婆还不满足，训斥道："你真是地地道道的傻瓜，你去对小金鱼说，我要当国王。"渔夫没有办法，又来到大海边呼唤小金鱼，告诉他老太婆的新愿望，小金鱼说："她会成为国王的。"

当渔夫回到家里时，老太婆已经住在宫殿里，成了国王。然而，她还训斥渔夫："你这个蠢货，去告诉小金鱼，我要当海上的女霸王，我要让它每日侍候我。"渔夫无奈地回到大海边，对小金鱼说："老太婆要当海上的女霸王，让你每日侍候她。"这一次，小金鱼什么话也没有说，尾巴一划，沉入了大海。

> 我发现这篇童话的反复情节中反复出现的是（　　　　）。

渔夫从海边回来了。金碧辉煌的宫殿无影无踪，面前还是那间居住多年的破草房，老太婆还坐在草房前用破木盆洗着衣服。

犟 龟

这是一个美丽的早晨。乌龟陶陶正坐在他那舒适的小洞前，吃着草叶子。母鸽正坐在树上，雄鸽嘴里不停地叫道："动物王国的最高首领——狮王二十八世要举行婚礼啦！他邀请我们去参加庆典！庆典不久后就要开始啦，可狮子洞路途遥远，我们得赶快出发！"乌龟陶陶听见后，想了整整一天一夜，终于拿定主意，第二天一早便上路了。

> 哪些自然段出现了反复性情节？在这些段落前画上星星，多读一读吧。

爬着爬着，陶陶遇见了一只蜘蛛。陶陶告诉蜘蛛，他正赶着去参加狮王二十八世的婚礼。蜘蛛嘲笑乌龟爬行速度极慢。他越过种种障碍，穿过树林和沙地，日夜不停地赶路。

爬着爬着，陶陶遇上了一只蜗牛。蜗牛告诉陶陶："去参加狮王婚礼应该往南走！"不幸的是陶陶一直在往北走，蜗牛劝陶陶别再赶路了。而陶陶却没有放弃，决定朝正确的方向重新出发。他越过种种障碍，穿过树林和沙地，日夜不停地赶路。

爬着爬着，陶陶又遇到了一只壁虎。壁虎先生正在岩石上晒太阳："亲爱的可怜虫，我现在正式通知你：狮王和老虎要开战，婚礼暂时取消了。你可以回家去了。"陶陶可没打算回家，看来他是不达目的绝不放弃了！陶陶越过种种障碍，日夜不停地赶路。

爬着爬着，陶陶遇到了一群乌鸦。陶陶想问问路，一只乌鸦却告诉他："狮王二十八世在和老虎的拼杀中身负重伤——去世了。"陶陶摇摇头，但是不愿回家，居然到现在还坚持着自己的决定。他越过种种障碍，日夜不停地赶路。

> 我发现这篇童话反复性情节中反复出现的是（　　　）。

陶陶又走了整整一天一夜，一只小金丝猴在陶陶身边上蹿下跳。陶陶问小猴："去狮子洞该怎么走？"小猴叫道："对面就是狮子洞！今天，我们大家在这里庆祝的是狮王二十九世的婚礼。"就在这时，狮子洞口出现了一位英武的年轻狮子，他的身旁站着一只美丽动人的年轻母狮。乌龟陶陶坐在参加庆典的客人中间，虽然有些疲劳，但感到非常幸福，他说："我一直说，我会准时赶到的！坚持最重要！"

童话阅读 017

阅读思考

1. 《渔夫和金鱼的故事》《犟龟》两篇童话中,你对哪个情节最感兴趣呢?
2. 只保留你最感兴趣的这一个情节,其他情节全部删掉,行不行呢?
3. 将这些反复性的情节颠倒一下顺序行不行呢?

童话推荐

《老头子做的事总是对的》《六人走遍天下,万事如意》《学习发抖》《森林里的三个小矮人》《会开饭的桌子、会吐金子的驴子和自己会从袋子里出来的小棍子》

在课外阅读中,我还发现(　　　　)也出现了反复性情节,我要多读一读,好好体会。

3 不可思议的幻想

　　童话是幻想的产物，丰富多彩的幻想是童话的基本特征之一，也是童话反映生活的特殊艺术手段。"童话中的幻想"指的是作者通过比拟、夸张等方式，赋予物以人的性格、情绪、言语、思维特征，让事物人格化；通过夸张的方式来构思神奇的故事情节，使物具有超出常人的特殊本领等。在童话世界里，牛、羊会说话，木偶能旅行，人死能复生，念出咒语会现出金银珠宝，桌布可产出山珍海味，衣服能刀枪不入……有了这些幻想，童话就有了灵魂，孩子们也会感到有趣、自然。

文本课例

七色花

有个小姑娘叫珍妮。有一天,妈妈叫她去买面包圈,珍妮买了七个面包圈,爸爸两个,妈妈两个,一个粉红色的给小弟弟,两个带糖的给自己。珍妮提着一大串面包圈,一边走,一边念着商店招牌上的字,数着天上飞来飞去的乌鸦。这时,一只小狗跟在珍妮的后面,它偷偷地把面包圈吃了,先吃了爸爸的、妈妈的、小弟弟的,然后吃了珍妮带糖的面包圈。珍妮觉得手轻了,扭头一看,哎呀,面包圈全没了,旁边一只小狗正舔着嘴呢。"你这害人的小狗,小偷!"珍妮追着小狗,要打它。

珍妮追呀追,追不上小狗,自己却迷路了,她走到了一个陌生的地方。她害怕了,呜呜地哭起来。突然,不知从哪儿出来一位老婆婆,老婆婆问她为什么哭,珍妮把一切全告诉了老婆婆。老婆婆很可怜珍妮,就说:"别哭,小姑娘,我这儿有一朵'七色花',它什么事都能办得到,我把它送给你,它会帮助你的。"那朵七色花,有七片花瓣,黄、红、蓝、绿、橙、紫、青,一片花瓣一种颜色。老婆婆说:"你想要什么,就撕下一片花瓣,扔出去,说:'飞吧,飞吧!我要……'它就会替你办好。"

珍妮接过七色花,谢了老婆婆,她要回家去,但不知该走哪条路。她想起七色花,就撕下一片黄色花瓣,扔出去,说:"飞吧,飞吧!我要带着面包圈回家去……"话还没说完,手里已经拿着一串面包圈,回到家里了。

> 这一自然段出现了不可思议的幻想情节,多读一读,好好体会。

珍妮把面包圈交给妈妈,就走进房里,想把七色花插进心爱的花瓶里,可是一不小心,花瓶掉到地上,打碎了。妈妈在厨房里大声说:"珍妮,你把什么东西打碎了?""没有……"珍妮赶快撕下一片红色花瓣,扔出去,说:"飞吧,飞吧!给我一个像这个一样的花瓶吧……"地上破花瓶的碎片立刻又合拢起来了。妈妈进来一看,那花瓶好好的。

珍妮来到院子里,男孩子们正在玩北极探险的游戏,他们不肯和珍妮玩,珍妮说:"我自己到北极去!"她撕下一片蓝花瓣,扔出去,说:"飞吧,飞吧!我要到北极去……"话刚说完,突然太阳不见了,一阵大风吹来,把她吹到北极去了。

这时珍妮穿的是夏天的衣裙,光着腿,孤零零地一个人到了北极,冰天雪地的北极冷极了。"妈妈,我冻坏了,快来呀!"珍妮哭喊着,眼泪一串串流下来,马上冻成了冰柱子。这时,七只大白熊从大冰块后面蹿出来,向珍妮扑去。珍妮吓坏了,她用冻僵的手指,抓起七色花,撕下一片绿花瓣,扔出去,大声说:"飞吧,飞吧!让我回去……"一眨眼工夫,她又在院子里了。

珍妮去找邻居的女孩们玩,她看见女孩们有好多玩具:小汽车、大皮球、会说话的洋娃娃……珍妮很羡慕,她把一片橙色花瓣扔出去,说:"飞吧,飞吧!我要好多好多的玩具……"玩具立刻从四面八方向珍妮涌来了。会说话的洋娃娃堆了满院子,它们吵得要命。汽车、皮球、玩具飞机、飞艇、坦克、大炮……把整条胡同,甚至对着胡同的马路都挤满了。空中降下来许多带着降落伞的娃娃,它们都挂在路边的树上、电线上。站岗的警察吹着口哨,叫大家来维持秩序。

"够了,够了!"珍妮抱着头叫起来,"玩具快别来了。"可是玩具还是不断涌来,它们堆着、堆着,一直堆到了房顶上。珍妮走到哪,玩具跟到哪,珍妮爬上房顶,连忙撕下一片紫花瓣,扔出去,说:"飞吧,飞吧!快叫玩具回去吧!"于是所有的玩具都不见了。

珍妮一看七色花,只剩下一片花瓣了。她想:六片花瓣都浪费了,这最后一片，要它做什么事，得好好想一想。珍妮想买巧克力糖、买蛋卷……可是吃过就没有了，买三轮小车，买电影票……不，等一等，让我再想想看。

> 同学们，你们发现了吗？每一次幻想都是美好愿望的实现呢。

突然，她看见一个小男孩坐在大门前的小凳上，他有一双可爱的黑眼睛，珍妮很喜欢他，想和他玩，但小男孩的腿脚有残疾，不能跑、不能跳。珍妮想，要让小男孩能够走路！于是，她小心翼翼地撕下最后一片青色花瓣扔出去，说："飞吧，飞吧！让这个小男孩健康起来吧……"。就在一分钟，小男孩站了起来，她同珍妮玩起捉迷藏来。他跑呀，跑呀，珍妮怎么也追不上！珍妮心里充满了快乐。

主旨解析

苏联作家卡达耶夫的《七色花》是一篇非常优美而且很受欢迎的童话。故事是围绕小姑娘珍妮用七色花掩盖自己的错误，达成自己的种种愿望，而最后一片花瓣，她用来帮助他人，并从中找到了真正的快乐。美好的幻想贯穿整个故事。作者想象出了现实生活中并不存在的能帮助人们实现愿望的七色花，给花赋予了超出常人的魔法力。珍妮愤怒或者不满时，就会利用七色花的神奇魔力来改变现状。珍妮每一次愿望的实现都是基于不可思议的幻想，这些幻想把珍妮的贪心和最后的快乐表现得淋漓尽致。在《七色花》中，幻想架构起了整篇童话，而且作品是以儿童的现实生活和现实环境为依托，以儿童的兴趣大体勾画出一个轮廓，然后给这个轮廓上涂上一层童话的色彩，使得人物的行为和环境亦真亦假，而且人物具有的魔法力量也借由夸张的手法，让孩子们读来觉得有趣。

表现手法

幻想是童话永恒的本质。童话的幻想具有自身的独特性，而这种独特性正是童话具有"儿童性"的重要表现。

1. 童话幻想具有现实性

童话主要描绘虚拟的事物和境界，出现于其中的"人物"是假想形象，所讲述的故事也是不可能发生的。但是童话中的种种幻想，都植根于现实，是生活的一种折光。

童话故事中的幻想看起来好像能无拘无束，可在瞬间上天入地、一目千里，可写仙子，可写妖魔，可死而复生，可长生不死，甚至连虫鱼鸟兽都可以有人的思想、人的行为……所有这些，在我们的现实世界中都是不可能发生的。可实际上，童话故事正是以"幻想"为一方面，以"真实"为另一方面，中间流淌着对儿童充满诱惑的奇妙故事、给童年增添了更多的色彩。真实感往往是表现在环境和形貌的主要特点上，即关系到一个事物区别于其他事物的一些主要特点上。事物的动态、人物的行为举止要符合生活中某些方面的运动规律。夸张也好，变形也好，要符合人的内心感受的规律，符合人们在特定的情绪、心境、感情支配下对外界事物的感知。

童话并不要求如实地反映生活，不拘泥于真实的细节，甚至允许忽略或变更事物的表面形态，只要求做到本质的真实。例如《小妖怪蓝脸儿》中，妖怪的种种表现当然是虚构的，是现实生活中不存在的，但它反映了真善美战胜假恶丑的斗争。

2. 童话幻想具有儿童性

儿童本身喜欢幻想，他们的生活本身充满着奇思妙想，他们可以无拘无束地表达自己的想法。而童话中的幻想正好迎合了儿童的心理特点。童话中的幻想并不是漫无边际的假想，而是一种符合儿童心理活动的愿望的实现。这种幻想是基于作者的现实生活，经过作者的艺术化加工，融合作者的审美取向的一种再创造性想象。儿童对于世间万物的思维方式具有符合自身年龄特征的独特性，他们的思维方式与成人的思维方式明显不同。在儿童的思维世界里，"物我不分"，"万物有灵"，这是他们的思维特点。因此，儿童的想象也有与成人的想象不同的地方。在他们的想象中，万事万物皆有生命。童话的幻想要符合儿童的思维方式，让童话的形象和情节具有儿童性，让儿童可以理解。

3. 童话幻想具有戏剧性

幻想是一种愿望性、创造性的想象。童话的幻想往往具有戏剧化和游戏精神。儿童喜欢以游戏的方式来表达他们的生活。童话是儿童要求改变现状的一种体现。他们在成人面前，很多时候不能按照自己的意愿做自己想要做的事情，因此，在幻想的童话世界中，他们就可以做这些事情。这就是一种游戏。

拓展阅读

狼和七只小羊

从前，在森林里住着一只老山羊。它生了七只小山羊，羊妈妈很爱七个宝宝。

有一天，它要到森林里去找吃的，她把七个孩子全叫过来，对它们说："亲爱的孩子们，我要到森林里去找吃的，你们一定要小心狼。要是让狼进屋，它会把你们全部吃掉的。这个坏蛋常常把自己装成别的样子，但是，你们只要一听到它那沙哑的声音，一看到它那黑黑的爪子，就知道那就是狼。"

小山羊们说:"好妈妈,我们会小心狼的。你去吧,不用担心我们。"老山羊咩咩地叫了几声,就去森林里找吃的去了。

没过多久,响起"咚咚咚"的敲门声,有人在门外大声喊:"开门哪,我的好孩子。你们的妈妈回来了,还给你们带了好吃的回来。"

小山羊们一听,声音是沙哑的,就知道是狼来了。它们大声说:"我们不开门,你不是我们的妈妈。我们的妈妈说话时,声音很好听,你的声音非常沙哑,你是狼!"

于是,狼跑到药店,买了一颗药,吃了下去,结果嗓子变细了。然后它又回来敲山羊家的门,喊道:"开门哪,我的好孩子。你们的妈妈回来了,还给你们带了好吃的回来。"

> 哪些自然段出现了幻想?在这些段落前画上星星,多读一读吧。

可是狼把它的黑爪子搭在了窗户上,小山羊们看到黑爪子就一起叫道:"我们不开门,你不是我们的妈妈,我们的妈妈手是白的,你有黑爪子,你是狼!"

于是,狼来到杂货店,买了点面粉,撒在爪子上,把爪子弄成了白色。

狼第三次跑到山羊家,一面敲门一面说:"开门哪,我的好孩子。你们的妈妈回来了,还给你们带了好吃的回来。"

小山羊们叫道:"你先把脚给我们看看,好让我们知道你是不是我们的妈妈。"狼把爪子伸进窗户,小山羊们看到爪子是白的,就打开了门。

门一开,狼一下子就跳了进来!小山羊们吓坏了,都躲了起来。可是狼把它们都找了出来,全都吞进了肚子,只有最小的山羊没有被发现。狼吃饱了之后,高兴地离开了山羊家,来到一片绿油油的草地上,躺在一棵大树下,开始呼呼地睡起大觉来。

不久，老山羊从森林里回来了。

它的孩子都不见了。它叫它们的名字，都没有人回答她。最后，当它叫到最小的山羊的名字时，一个细细的声音喊道："好妈妈，我在这里。"老山羊找到最小的小羊，把它抱了出来，它一边哭一边说："呜呜呜，妈妈，狼来了，把哥哥姐姐们都吃掉了。"

老山羊哭着走了出去，最小的山羊也跟在妈妈后面。当它们来到草地上时，狼还躺在大树下睡觉。

老山羊让小羊跑回家，拿来了剪刀和针线。老山羊剪开狼的肚子，六只小羊一个个都跳了出来，全都活着，而且一点也没有受伤，因为狼是把它们整个吞下去的。它们抱着自己的妈妈，高兴得又蹦又跳。

羊妈妈说："你们去找些大石头来。我们趁这坏蛋还没有醒过来，把石头装到它的肚子里去。"七只小山羊搬来很多石头，往狼肚子里塞；然后山羊妈妈把狼肚皮缝好。

> 你喜欢这样的幻想吗？为什么？

狼终于睡醒了。它站起身，走到井边，弯腰去喝水，石头压得它掉进了井里，淹死了。

皇帝的新衣

许多年前，有一位皇帝，为了穿得漂亮，不惜把所有的钱都花掉。他既不关心他的军队，不喜欢去看戏，也不喜欢乘着马车逛公园——除非是为了炫耀一下他的新衣服。他每个钟头都要换一套新衣服。人们提到他总是说："皇上在更衣室里。"

有一天，从京城来了两个骗子，自称是织工，说能织出人间最美丽的布。这种布不仅色彩和图案都分外美丽，而且缝出来的衣服还有一种奇怪的特性：任何不称职的或者愚蠢得不可救药的人，都看不见这衣服。

"那真是最理想的衣服！"皇帝心里想，"我穿了这样的衣服，就可以看出我的王国里哪些人不称职；我就可以辨别出哪些人是聪明人，哪些人是傻子。是的，我要叫他们马上织出这样的布来！"他付了许多现款给这两个骗子，叫他们马上开始工作。

> 哪些自然段出现了幻想？在这些段落前画上星星，多读一读吧。

当骗子把衣服织好时，他们让皇帝把身上的统统都脱光。这两个骗子装作把他们刚才缝好的新衣服一件一件地交给他。皇帝在镜子面前转了转身子，扭了扭腰肢。"这衣服多么合身啊！式样裁得多么好看啊！"大家都说。"多么美的花纹！多么美的色彩！这真是一套贵重的衣服！""大家已经在外面把华盖准备好了，只等陛下一出去，就可撑起来去游行！"典礼官说。

这样，皇帝就在那个富丽的华盖下游行起来了。站在街上和窗子里的人都说："皇上的新装真是漂亮！他上衣下面的后裾是多么美丽！这件衣服真合他的身材！"谁也不愿意让人知道自己什么东西也看不见，因为这样就会显出自己不称职或者太愚蠢。

皇帝所有的衣服从来没有获得过这样的称赞。"可是他什么衣服也没有穿呀！"一个小孩子最后叫了出声来。"上帝哟，你听这个天真的声音！"爸爸说。于是大家把这孩子讲的话私自低声地传播开来。"他并没有穿什么衣服！有一个小孩子说他并没有穿什么衣服呀！"

"他实在是没有穿什么衣服呀！"最后所有的老百姓都说。皇帝有点发抖，因为他觉得百姓们所讲的话似乎是真的。不过他自己心里却这样想："我必须把这游行大典举行完毕。"因此他摆出一副更骄傲的神气，他的内臣们跟在他后面走，

> 这些幻想要表达的是什么？

手中托着一个并不存在的后裙。

阅读思考
1. 在《狼和七只小羊》和《皇帝的新衣》这两篇童话中，你对哪个情节最感兴趣？
2. 你认为这些幻想合理吗？为什么？
3. 展开想象的翅膀，创编一篇自己的《狼和七只小羊》，或者续编《皇帝的新衣》吧！

童话推荐
《拇指姑娘》《打火匣》《白雪公主》《皮皮鲁和罐头小人》《踩在面包上走路的姑娘》
在课外阅读中，我还发现（　　　　）中也出现了幻想，我要多读一读，好好体会。

4 惩恶扬善的主题人物形象

  人物是童话故事的重要元素，童话通过塑造人物形象来反映作者的内心世界和价值取向。童话故事中的人物性格都具有鲜明的特点，结局表达了惩恶扬善的主题。具体来说，童话故事总是把善与恶极端化，赋予人物非善即恶的性格特点。通俗地说，好人非常好，坏人非常坏；好人很善良，坏人很恶毒。人物形象的美与丑、善与恶在童话中产生激烈的冲突和碰撞，使善良在邪恶面前更加崇高，从而让儿童初步形成正确的善恶观。

文本课例

灰姑娘

有一个富人，他的妻子病了，她觉得自己快不行的时候，就把她的独生女儿叫到床前，说："亲爱的孩子，只要你永远诚实、善良，敬爱的上帝就会帮助你，我也会从天上看着你，保护你。"她说完就闭上眼睛，死去了。

女儿每天到她母亲的坟上去哭，她始终是那样的诚实和善良。冬天来了，雪像一块白毯子似的盖在坟上。当春天的阳光把白毯子扯下去的时候，富人又娶了一个妻子。

那个女人嫁过来时带了两个女儿，这两个女儿的脸蛋儿虽然长得又白又漂亮，可是心肠却又狠又毒。从此，那前妻的可怜的女儿就遭罪了。她们说："这个蠢丫头怎么可以跟我们一起坐在客厅里呢？谁要吃饭，就得自己去挣。你这个只配在厨房里使唤的丫头，快滚出去！"

她们夺走了她的漂亮衣服，给她穿上一件灰色的旧裙子，塞给她一双木屐。她们把她送进厨房，嘲笑着说："你们看，这个骄傲的公主打扮得多漂亮啊！"她在那里从早到晚干着繁重的活儿，天还没亮就起来挑水、生火、做饭、洗衣服。除此之外，那姐妹俩还变着法儿地捉弄她、嘲笑她，她们把豌豆和扁豆倒在灰里，又叫她再拣出来。晚上她干活干得累了，也没有床睡觉，只好躺在灶旁的灰堆里。因此她总是满身灰尘，显得很脏，她们就叫她"灰姑娘"。

有一次，父亲要去赶集。他问两个继女，他应该给她们带点什么东西回来。一个说："我要漂亮的衣服。"另一个说："我要珍珠和

> 同学们，你们发现了吗？继母和她的两个女儿是多么自私、残暴、恶毒！

宝石。"他又问："你呢，灰姑娘，你想要什么？"

"爸爸，在你回家的路上，碰着你帽子的第一根树枝，你就把它折下来带给我。"

他给两个继女买了漂亮的衣服，珍珠和宝石。在回家的路上，他骑马路过一片绿色的丛林，一根榛树枝划了他一下，把他的帽子碰掉了。他就把那根树枝折下来带回家。到家之后，他把两个继女所要的东西给了她们，把那根榛树枝也给了灰姑娘。灰姑娘谢过父亲，就来到她母亲的坟前，把榛树枝插在坟上，失声痛哭，流下的眼泪把树枝都浇湿了。树枝长起来，变成一棵美丽的小树。灰姑娘每天三次来到树下，哭泣和祷告，每次都有一只白色的小鸟飞到树上来，只要她说出一个愿望，小鸟就把她希望得到的东西扔下来给她。

> 灰姑娘是那么诚实、善良！

有一次，国王要举行一个为期三天的盛大宴会，邀请国内所有漂亮的姑娘都来参加，好让他的儿子从中挑选一个做未婚妻。那姐妹俩听说她们也被邀请参加，非常高兴，赶忙喊来灰姑娘，说："给我们梳头，给我们刷鞋，给我们缝好皮带扣环，我们要去国王的宫殿里参加宴会。"灰姑娘按照她们的话做了，可是她却哭了，因为她也想去跳舞，就恳求继母准许她去。继母说，"灰姑娘，你满身灰土和尘垢，也想去参加宴会吗？你没有衣服和鞋子，也想跳舞？"灰姑娘一再恳求她，继母最后说："我把一碗扁豆倒进灰里，你要是两小时内能把扁豆重新拣出来，我就带你一起去。"

灰姑娘从后门来到园子里，喊道："听话的鸽子、斑鸠，天上所有的鸟儿们，你们都来帮我拣，好的拣在碗里，坏的吞进肚里。"于是，两只小白鸽从厨房的窗户飞进来，后面跟着斑鸠，最后，空中所有的小鸟儿都成群结队呼啦啦地飞进来，落在灰堆的周围。鸽子点着头开始啄起来，"嘣、嘣、嘣、嘣"，其他小鸟儿也啄起来，"嘣、嘣、嘣、嘣"，把好的扁豆全拣到碗里。还不到一个小时，它们就拣完了，都飞了出去。

<u>灰姑娘端着碗去找继母，心里很高兴，以为这下可以去参加宴会了。但是继母说："不行，灰姑娘，你没有衣服，不能跳舞；人家会嘲笑你的。"她说完不再理她，带着她那两个骄傲的女儿走了。</u>

现在家里的人都走了，只留下灰姑娘孤零零地一个人悲伤地坐在榛树下哭泣："榛树啊，请你帮帮我，请你摇一摇，为我抖落金银礼服一整套！"她的朋友小鸟从树上飞出来，为她带了一套金银制成的礼服和一双光亮的丝制舞鞋。收拾打扮、穿上礼服之后，灰姑娘在她两个姐妹之后来到了舞厅。穿上豪华的礼服之后，她看起来是如此高雅、漂亮！她们都认不出她，以为她一定是一位陌生的公主，根本就没有想到她就是灰姑娘。她们以为灰姑娘仍老老实实地待在家中的灰堆里呢！

王子看到她，很快向她走来，伸出手挽着她请她跳起舞来。他再也不和其他姑娘跳舞了，他的手始终不肯放开她。每当有人来请她跳舞时，王子总是说："这位女士在与我跳舞。"他们一起跳到很晚，她才想起要回家去了。王子想知道这位美丽的姑娘到底住在哪里，所以说道："我送你回家去吧。"灰姑娘表面上同意了，但却趁王子不注意时悄悄地溜走，拔腿向家里跑去。由于走得过于匆忙，她竟把左脚的金舞鞋落在楼梯上了。

王子到他的国王父亲面前说："我要娶正好能穿上这只金舞鞋的姑娘，让她我的妻子。"灰姑娘的两个姐妹听到这个消息后，非常高兴，因为她们都有一双很漂亮的脚，她们认为自己穿上那只舞鞋是毫无疑问的。姐姐先到房子里去试穿那只舞鞋，可她的大脚趾却穿不进去，那只鞋对她来说太小了。于是她妈妈拿给她一把刀说："没关系把大脚趾切掉！你当上了王后，还在乎这脚趾头干嘛！你想到哪儿去，根本就不需要用脚了。"大女儿听了觉得有道理。这傻姑娘忍着痛苦切掉了自己的大脚趾，勉强把鞋穿在脚上来到王子面前。王子看她穿好了鞋，就把她当成新娘带走了。在他们回王宫的路上，经过后花园里灰姑娘栽的那棵榛树时，停在树枝上的一只小鸽子唱道："再回去，再回去！快看那只鞋！鞋太小不是为她做的！王子，王子！再找你的新娘吧，坐在你身边的不是你的新娘！"

王子听见后，下马盯着她的脚看，发现鲜血正从鞋子里流出来。他知道自己被欺骗了，马上掉转马头，把假新娘带回她的家里说道："这不是真新娘，让另一个妹妹来试试这只鞋子吧。"于是妹妹试着把鞋穿在脚上，脚前面进去了，可脚后跟太大了就是穿不进去。她妈妈让她削去脚后跟穿进去，然后拉着她来到王子面前。王子看她穿好了鞋子，就把她当作新娘扶上马，并肩坐在一起离去了。但当他们经过榛树时，小鸽子仍栖息在树枝上唱道："再回去，再回去！快看那只鞋太小不是为她做的！王子，王子！再找你的新娘吧，坐在你身边的不是你的新娘！"王子低头一看，发现血正从舞鞋里流出来，连她的白色长袜也浸红了。他拨转马头，同样把她送了回去，对她的父亲说："这不是真新娘，你还有女儿吗？"父亲回答说："没有了，只有我前妻生的一个叫灰姑娘的小邋遢女儿，她不可能是新娘的。"然而王子一定要他把她带来试一试。灰姑娘先把脸和手洗干净，然后走进来，很有教养地向王子屈膝行礼。王子把舞鞋拿给她穿，鞋子穿在她脚上，就像是专门为她做的一样。他走上前，仔细看清楚她的脸后，认出了她，马上兴奋地说道："这才是我真正的新娘。"继母和她的两个姐妹大吃一惊，当王子把灰姑娘扶上马时，她们气得脸都发白了，眼睁睁地看着王子把她带走了。他们来到榛树边时，小白鸽唱道："回家吧，回家吧！快看那只鞋！王妃，这是为你做的鞋！王子，王子！快带新娘回家去，坐在你身边的才是真正的新娘。"鸽子唱完之后，飞上前来，停在了灰姑娘的右肩上。他们一起向王宫走去……

当灰姑娘同王子举行婚礼的时候，那两个坏心肠的姐妹也来了，想奉承她，分享她的幸福。新郎新娘向教堂里走去，姐姐在右，妹妹在左，鸽子把她们每人的眼睛啄掉了一只。随后，当她们从教堂里出来的时候，姐姐在左，妹妹在右，鸽子把她们每人的眼睛又啄掉了一只。因为她们虚伪、狠毒，她们受到了终生做瞎子的严厉惩罚。

主旨解析

《灰姑娘》这个童话，描写了继母女儿和灰姑娘的种种矛盾纠葛，继母女儿得到了恶报，灰姑娘幸福地和王子在一起。故事表现了人们对善良、正直、勤劳等品行的歌颂，对贪婪、自私、残暴等丑恶行为的尖锐批判，表现出一种惩恶扬善的价值追求——善有善报、恶有恶报。文中的灰姑娘属于童话中的受害者形象。灰姑娘就是一位出身不好，但是善良勤奋、通情达理的好姑娘。灰姑娘每天都要去母亲的墓前祈祷、哀悼，这些都是灰姑娘完美道德的表现。这一善良的形象，表现出生活中善的重要性。灰姑娘是如此纯洁美好，仿佛没有任何一丁点瑕疵与缺憾。相反，继母和两个女儿是压迫者形象。作者通过大量的语言和行为描写了继母和两个女儿的狠毒，她们逼迫灰姑娘干各种又脏又累的活，阻止灰姑娘参加舞会等，可谓是坏到了极致。这种人物性格对照式的写法呼应了孩子的心理。对于孩子来说，他们的世界是如此简单——一个人不是好人，就是坏人，根本没有那么多的灰色地带。相应地，在童话故事里的世界里，一切也是如此。

表现手法

惩恶扬善始终是童话故事的主旋律。童话通过塑造人物形象反映作者的审美观念和道德取向，并引导儿童初步形成正确的人生观、价值观。童话中的人物具有鲜明的性格特点，童话中的人物形象大体可以分为三类：弱势者形象、压迫者形象和救赎者形象。

1. 受害者（弱势者）形象

弱势者形象在童话中代表真善美的一方，是善良的正派形象。他们在童话中占据着重要的位置，往往是童话故事中的主人公。他们往往因为弱势、不公平的境遇而受到世人的同情。尽管他们在故事的开始经历坎坷，但是他们善良的本性往往会使他们得到意想不到的帮助与救济，最后获得美好的结局。

2. 压迫者形象

压迫者形象在童话中代表恶的一方，是邪恶的反派形象。在童话故事中善与恶并存，弱势者一般要经历压迫者的重重考验和阻挠才能获得光明、幸福的结局。例如《格林童话》中的继母形象就是典型的压迫者形象。继母是恶的化身，与巫婆形象相似。压迫者虐待受害者，使他们经受种种考验。压迫者最终都会受到惩罚。

3. 救赎者形象

在童话中，救赎者往往是正义的化身，起到故事情节转化的作用。往往救赎者一出现，受害者的命运就开始转变。在童话中，救赎者往往以王子、仙女、矮人、老人等身份出现。他们往往是可爱、善良的化身，能利用魔力等超人类的力量帮助受害者摆脱苦难而过上幸福的生活。这些形象完全是虚构的，往往拥有魔法，神秘的气息让人们找到了精神的寄托、心灵的依靠，完成对弱势者的救赎。

惩恶扬善的主题定律在童话故事中循环演示,受害者—压迫者—救赎者构成了童话中的主题世界。受害者不会一直受害,只要他们善良、坚毅,就会得到救赎者的帮助,压迫者就会受到应有的惩罚。这一系列的人物形象的刻画表达了善有善报、恶有恶报的价值观,也正是这些鲜明的人物特点吸引着儿童走进童话的世界,在童话世界中找到自己的存在。

拓展阅读

七只乌鸦

在很远的地方住着一个人,他的妻子生了七个男孩,但是他非常想要一个女儿。后来,他妻子怀孕了,果然生了个女孩。他十分高兴,但是女孩的身体非常虚弱。为了婴儿的健康,父亲决定行救急洗礼。他派一个男孩去井里打水,另外六个男孩也跟着跑了过去,大家高兴地抢着打水。谁知,一不小心把吊桶掉到井里去了。七个男孩站在井边,不知如何是好,大家都不敢回家。

父亲在家等了好久也不见男孩们将水打回来,他担心女孩没有行洗礼就死了,他实在气极了,大声地咒骂起来:"我要这些无法无天的孩子都变成乌鸦。"没想到这句话刚出口,天上果然飞过了七只黑乌鸦。父母都不能收回咒语,他们一下失掉七个儿子,心里十分悲痛,他们得到的唯一安慰就是他们有个可爱的女儿。

女儿不久就变得强壮起来,而且越长越漂亮。父母向她隐瞒了哥哥们的事,因此,她不知道自己还有哥哥。

有一天女孩无意中听到邻居们议论,她使哥哥们遭遇不幸。她伤心地去问父母,父母知道再也瞒不过她了,只好把过去发生的事告诉了她。女孩心里十分难过,她决心去找自己的几位哥哥。她带着一袋面包、一小壶水和一把小椅子，手上戴着父亲的一枚小戒指作纪念，偷偷地离开了父母。

她不停地往前走，一直走到天边。她走到太阳身边，那里太热、太可怕，她只好赶快离开太阳。她跪到月亮那儿，可是月亮太冷，而且想吃她，她吓得赶快跑开。她跪到星星身边，星星们对它非常客气。

晨星给了她一根小骨头，说："如果你没有这根小骨头，就不能打开玻璃山，你的七个哥哥就住在玻璃山里面呢！"

小女孩接过小骨头，小心地包在手巾里，又走了很久，终于来到了玻璃山。她打开手巾，发现小骨头搞丢了。怎么办呢？女孩拿了一把小刀，切下自己的一个小指头，插在门锁里，刚巧玻璃山的门打开了。

女孩走进玻璃山，看见一个矮人正朝她走来。矮人问她干什么，她说："我要找哥哥，七只乌鸦。"矮人说："请进吧！乌鸦们不在家，如果你愿意，就请等一下吧！"女孩走进了乌鸦们的房子。过了一会儿，矮人用七只小盘子和七只小杯子端着乌鸦们的食物走了进来。女孩把每个盘子里的食物都吃了一块，每个杯子里的水都喝了一口，并且在最后一个小杯子里放下她带来的父亲的小戒指。

忽然，空中传来一阵乌鸦的叫声，七只乌鸦回来了。女孩赶快躲到门后面，乌鸦们开始吃喝了，大家发现自己盘子里的东西被人吃过，杯子里的水被人喝过。

第七只乌鸦在自己的杯底发现了一枚小戒指，仔细看了看，发现是自己父亲的戒指。小乌鸦将小戒指传给其他乌鸦看，大家都争相议论起来。大家都认为父母亲是没有这么多力气走这么远的路来这里的，那么是谁呢？是不是那个很久没见过面的妹妹呢？

小乌鸦高兴地说："上帝保佑，如果真是我们的妹妹来了，那我们就得救了。"这时，女孩从门后走了出来。所有的乌鸦一下全部恢复了原来的面貌，哥哥们与妹妹互相拥抱亲吻，然后高高兴兴地拉着手，一起回家去了。

熊皮人

从前有一个年轻小伙子，当兵退伍后无家可归。他来到一块大荒地上，忽然听到一阵"呼呼"的声音，他向周围看，一个陌生人站在他面前，穿着一件绿褂子，长得很魁伟，但是有一只难看的马脚。那人说："我已经知道你缺少什么东西，我要给你很多的金钱财富，让你随便使用。"魔鬼脱下绿褂子，递给兵士说："如果你把这件褂子穿到身上，伸手到口袋里去摸，就有很多的钱。"然后魔鬼把熊皮剥下说："这是你的外套，也是你的床，你应该在这上面睡，不准到别的床上去。因为这套服装的关系，你应该叫'熊皮人'。"说完，魔鬼就不见了。

兵士穿着褂子，披着熊皮去旅行。凡是对他有好处、对钱有损害的事情，他都尽量去做。第二年他已经像一个怪物了。头发差不多盖着他的整个面孔，胡子像一块粗毛毡，手指变成爪子，面孔上尽是污泥。谁见了他，都要跑开。他到处把钱给穷人，叫他们祷告他七年里不死，又因为他买东西都给很多的钱，所以他总是找得着住宿的地方。在第四年里，他来到一个旅馆里，老板不肯接待他，甚至连马厩都不让他住，因为他怕他的马受到惊吓。但是"熊皮人"伸手到袋里，拿了满满一把金币出来，老板才有了同情心，把后屋的一间房给他；不过他要"熊皮人"答应，不要让人看见他，免得坏了旅馆的名誉。

晚上"熊皮人"听见隔壁房里，有人在大声号叫。他把门打开，看见一个老年人双手捧着自己的头在痛哭。"熊皮人"走到他跟前，老年人跳起来要逃走。他听见是人的声音，才没有动，最后，因为"熊皮人"和和气气地劝他，他才把他悲痛的原因说出来。他的财产已经消耗完了，他和他的女儿们只得受苦，他非常贫穷，连旅馆钱都付不出，只有去坐监牢。"熊皮人"说："如果你没有别的顾虑，我有的是钱。"他叫老板来付了他的房钱，还拿了满满一包的金子，放到老年人的衣袋里。

老年人觉得自己从忧愁中被救出来了，不知道应该怎样表示感谢。他对"熊皮人"说："跟我来，我的女儿们都非常漂亮，你可以选一个做妻子。如果她听到，你给我做了什么事情，她是不会拒绝的。虽然你的样子有点奇怪，但是她一定要给你弄得整整齐齐的。"这话让"熊皮人"很高兴，他就一起去了。大女儿看见他的面容，吓了一跳，号叫起来，跑开了。二女儿虽然站在那里，从头到脚端详他，但是她说："我怎样能够嫁给一个没有人形的丈夫呢？从前到这里来过的剃了毛的熊，假装一个人，穿着轻骑兵的皮袍，戴着白手套，还使我高兴些。如果他只是难看，我也可以习惯。"小女儿说："亲爱的爸爸，帮助你摆脱灾难的人，一定是一个好人。你答应了他一个未婚妻，就应该照你的话做。"可惜"熊皮人"的面孔被污泥和头发遮住了，不然我们就可以看到他听到了这话是怎样地高兴啊！"熊皮人"从手指上取下一个戒指来，折断了，一半给未婚妻，一半自己留着。他在未婚妻的一半上写上自己的名字，在自己的一半上写上未婚妻的名字，请未婚妻把她的一半好好保存。以后他就告别说："我还要去流浪三年。如果我不回来，你就可以自由，因为我一定死了。但是你祷告上帝请他保佑我的生命。"

可怜的未婚妻全身穿着黑衣服。她每想到她的未婚夫，就流眼泪。她从姐姐那里得到的只是轻蔑和嘲笑。大姐说："你小心，如果你把手伸给他，他就用熊掌打你。"二姐说："你防着，熊爱吃甜东西，如果他喜欢你，他就会吃你。"大姐又说："你应该老是按照他的意思办事，不然，他就要吼起来。"二姐接着说："熊会跳舞，结婚的时候一定很有趣。"未婚妻不做声，也不灰心。"熊皮人"到处游玩，从这里到那里，尽量做好事，把很多钱给穷人，叫他们替他祷告。到了七年的最后一天，天亮了，他又到荒地上，坐在那一圈树下。不久，风呼呼地吹，魔鬼站在他面前，瞅着他，很不高兴；然后它把旧褂子丢给他，讨回他的绿衣服。"熊皮人"回答说："没有这样简单的事情，你应该先把我弄干净。"魔鬼没有法子，只得去拿水来，给"熊皮人"洗身体、梳头、剪指甲。然后他像一个勇敢的战士，比从前漂亮多了。

最后魔鬼走了，"熊皮人"心里很轻松。他到城里去，穿着一件漂亮的天鹅绒的褂子，坐着一部四匹白马拖的车，到他的未婚妻家里去。没有人认得他，父亲以为他是一个上校，引他到女儿们的房间里。他坐在两个大女儿中间。她们给他斟葡萄酒，把顶好的食物放到他面前，她们觉得在世界上还没有看见比他更美的男子。但是未婚妻穿着黑衣服坐在他的对面，闭着眼睛不做声。最后他问父亲，是不是要把一个女儿给他做妻子，两个大的跳起来，跑到房里，要穿漂亮的衣服，因为各人都希望自己是当选者。房间里只有客人同他的未婚妻的时候，客人把他的半截戒指拿出来，丢在酒杯里，从桌子上递给未婚妻。未婚妻接着，把酒喝完了，看见杯底的半个戒指，她的心忽然跳起来。她拿出系在她颈带上的一半，放到旁边，两半完全符合。他说："我是你的未婚夫，就是你见过的'熊皮人'，因为上帝的恩惠，我恢复了人形，并且又干净了。"他向她走去，拥抱她，同她接吻。这时候，两个姐姐打扮得花枝招展地进来，看见美丽的男子被妹妹得到了，又听到他就是"熊皮人"，非常生气，就朝外跑。一个跳井淹死了,一个在树上吊死了。晚上,有人敲门,新郎开门看见穿绿衣服的魔鬼,魔鬼说:"你看,现在我失掉你一个灵魂,得到了两个灵魂。"

阅读思考

1. 《七只乌鸦》《熊皮人》两篇童话中,你对哪个人物最感兴趣?
2. 这些人物特点给你留下了怎样的印象?
3. 读完两篇童话,你学到了什么?

童话推荐

《野天鹅》《白雪公主》《三根羽毛》《森林里的三个小矮人》《十二兄弟》

在课外阅读中,我还发现(　　　　)中也塑造了人物鲜明的性格特点,惩恶扬善,我要多读一读,好好体会。

5 隐喻

隐喻，也称"暗喻"。巧妙地使用暗喻，对情节的生动、简洁、强调等起重要作用，比明喻更加灵活、形象。隐喻也是一种比喻，用一种事物暗喻另一种事物。隐喻是在彼类事物的暗示之下感知、体验、想象、理解、谈论此类事物的心理行为、语言行为和文化行为。不少童话作品使用隐喻的手法。

文本课例

卖火柴的小女孩

　　天冷极了，下着雪，又快黑了。这是一年的最后一天——大年夜。在这又冷又黑的晚上，一个乖巧的小女孩，赤着脚在街上走着。她从家里出来的时候还穿着一双拖鞋，但是有什么用呢？那是一双很大的拖鞋——那么大，一向是她妈妈穿的。她穿过马路的时候，两辆马车飞快地冲过来，吓得她把鞋都跑掉了。一只怎么也找不着，另一只被一个男孩捡起来拿着跑了。他说，将来他有了孩子可以拿它当摇篮。

　　小女孩只好赤着脚走，一双小脚冻得红一块青一块的。她的旧围裙里兜着许多火柴，手里还拿着一把。这一整天，谁也没买过她一根火柴，谁也没给过她一个硬币。

　　可怜的小女孩！她又冷又饿，哆哆嗦嗦地向前走。雪花落在她的金黄的长头发上，那头发打成卷儿披在肩上，看上去很美丽，不过她没注意这些。每个窗子里都透出灯光来，街上飘着一股烤鹅的香味，因为这是大年夜——她可忘不了这个。

　　她在一座房子的墙角里坐下来，蜷着腿缩成一团。她觉得更冷了。她不敢回家，因为她没卖掉一根火柴，没挣到一个钱，爸爸一定会打她的。再说，家里跟街上一样冷。他们头上只有个房顶，虽然最大的裂缝已经用草和破布堵住了，风还是可以灌进来。

　　她的一双小手几乎冻僵了。啊，哪怕一根小小的火柴，对她也是有好处的！她敢从成把的火柴里抽出一根，在墙上擦燃了，来暖和暖和自己的小手吗？她终于抽出了一根。"哧！"火柴燃起来了，冒出火焰来了！她把小手拢在火焰上。多么温暖、多么明亮的火焰啊，简直像一支小小的蜡烛！这是一道奇异的火光！小女孩觉得自己好像坐在一个大火炉前面,火炉装着闪亮的铜脚和铜把手,烧得旺旺的、暖烘烘的,多么舒服啊!哎,这是怎么回事呢?她刚把脚伸出去,想让脚也暖和一下,火柴灭了,火炉不见了。她坐在那儿,手里只有一根烧过了的火柴梗。

她又擦了一根。火柴燃起来了,发出亮光来了。亮光落在墙上,那儿忽然变得像薄纱那么透明,她可以一直看到屋里。桌上铺着雪白的台布,摆着精致的盘子和碗,肚子里填满了苹果和梅子的烤鹅正冒着香气。更妙的是,这只鹅从盘子里跳下来,背上插着刀和叉,摇摇摆摆地在地板上走着,一直向这个穷苦的小女孩走来。这时候,火柴又灭了,她面前只有一堵又厚又冷的墙。

她又擦着了一根火柴。这一回,她坐在美丽的圣诞树下。这棵圣诞树,比她去年圣诞节透过富商家的玻璃门看到的还要大,还要美。翠绿的树枝上点着几千支明晃晃的蜡烛,许多幅美丽的彩色画片,跟挂在商店橱窗里的一个样,在向她眨眼睛。小女孩向画片伸出手去。这时候,火柴又灭了。只见圣诞树上的烛光越升越高,最后成了在天空中闪烁的星星。有一颗星星落下来了,在天空中划出了一道细长的红光。

"有一个什么人快要死了。"小女孩说。唯一疼她的奶奶活着的时候告诉过她:一颗星星落下来,就有一个灵魂要到上帝那儿去了。

她在墙上又擦着了一根火柴。这一回,火柴把周围全照亮了。奶奶出现在亮光里,是那么温和、那么慈爱。"奶奶!"小女孩叫起来,"啊,请把我带走吧!我知道,火柴一灭,您就会不见的,像那暖和的火炉、喷香的烤鹅、美丽的圣诞树一个样,就会不见的!"

> 慈祥的奶奶的出现隐喻着小女孩对亲情的渴盼。

她赶紧擦着了一大把火柴，要把奶奶留住。一大把火柴发出强烈的光，照得跟白天一样明亮。奶奶从来没有像现在这样高大，这样美丽。奶奶把小女孩抱起来，搂在怀里。她们俩在光明和快乐中飞走了，越飞越高，飞到那没有寒冷、没有饥饿，也没有痛苦的地方去了。

第二天清晨，这个小女孩坐在墙角里，两腮通红，嘴上带着微笑。她死了，在旧年的大年夜冻死了。新年的太阳升起来了，照在她小小的尸体上。小女孩坐在那儿，手里还捏着一把烧过了的火柴梗。

"她想给自己暖和一下……"人们说。谁也不知道她曾经看到过多么美丽的东西，她曾经多么幸福，跟着她奶奶一起走向新年的幸福中去。

主旨解析

故事中卖火柴的小女孩四次点燃火柴，出现了四次幻想。其实作者在小女孩每次点燃火柴的背后都暗藏着隐喻。

小女孩点燃了第一根火柴，在这道小小的光亮里，小女孩觉得自己就坐在一个火炉边。因为火在人们心中代表着温暖，从幻想中的火，可以看出小女孩的生存处境，冰冷的双手和双腿急切需要火的温暖，而火又是生生不息的，象征着小女孩对生命本能的渴求。文中的火不仅可以给小女孩带来温暖，也隐喻着小女孩生存下去的希望。小女孩把手放在小小的火焰上，温暖而明亮，不仅照亮了小女孩对未来的憧憬和幻想，而且照亮了小女孩冰冷的内心。当小女孩本能地伸出腿来暖和，可是火灭了，幻想中的火炉也不见了，小女孩的脚还是冰冷的，隐喻着小女孩走不出"冰冷"的处境。

小女孩第二次点燃了一根火柴，这次她幻想到一整桌美味。小女孩已经在外面一天了，没有卖出一根火柴，她又冷又饿。饥寒交迫的小女孩，幻想到桌上摆满了精致的碗碟和肚子里填满了苹果的烤鹅，隐喻着小女孩贫穷的家庭环境和她对食物的渴求。

小女孩第三次点燃了一根火柴，她幻想到自己坐在漂亮的圣诞树下面。从小女孩对幻想中圣诞树的喜爱，可以看出小女孩向往着充满欢乐、喜庆的美好生活，渴望自己也能够拥有一个快乐的圣诞节。"景物"隐喻着小女孩对快乐童年的向往和对苦难的抗争。

小女孩第四次点燃火柴，火光中出现了"慈爱的奶奶"，隐喻着小女孩对亲情的渴盼。

表现手法

童话作为儿童文学的一种，用想象、幻想和夸张的手法来塑造艺术形象，反映生活，促进儿童性格成长。童话让读者们从感人的诗境和意境中发现真理，发现人类灵魂中最诚实、最美丽、最善良的东西，从而使人们的感情得到净化和升华。

隐喻是童话中一种常见的写作手法，是一种具有普遍性的思维机制，是人类的想象与理性对外部世界感知信息的共鸣与契合。隐喻是在彼类事物暗示下感知、体验、想象、理解、谈论此类事物的心理行为、语言行为和文化行为。其本质是"人类将其某一领域的经验来说明或理解另一类领域的经验的认知活动"。严格地说，有些童话故事本身就是一种隐喻。童话用通俗易懂的语言、形象生动的故事，赋予动植物，甚至日常生活用品以生命，讽喻社会上的丑恶，宣扬美好的品质。

以安徒生为例，他用 40 年的心血精心编织了 166 篇童话故事，以童话反映了他所处的那个时代及其社会生活。安徒生童话在描绘人物、动物甚至没有生命的物体时运用了大量的隐喻尖锐地揭露出社会丑恶的一面，以此来衬托人类灵魂中最诚实、最美丽、最善良的东西，从而使人们的感情得到净化和升华。

在他的童话故事《雏菊》中，有一段这样写道："小雏菊是多么快乐，好像这是一个伟大的节日似的。事实上这不过是星期一，小孩都上学去了。当他们正坐在凳子上学习的时候，它就坐在它的小绿梗上向温暖的太阳光，向周围一切东西，学习了解上帝的仁慈。雏菊觉得它在静寂中所感受的一切都被百灵鸟高声地、美妙地唱出来了，于是雏菊怀着尊敬的心情向这只能唱能飞的、幸福的鸟儿凝望，不过，它并不因为自己不能唱歌和飞翔就感到悲哀。"文中，雏菊是一种最普通的小花，长在草丛中，谁也看不上它，它却拥有一颗伟大、美丽、高尚的心，它本性谦朴，毫无嫉妒之意，尊重和喜爱比它优秀的名花。它有着谦逊和美好的品质。深入阅读整个故事后，读者就会发现雏菊本身就隐喻着社会上那些平凡的人们，他们创造了社会的财富，建立了良好的风尚，却默默无闻，不能受到人们的注意和尊重。安徒生把现实生活中最真实的东西通过隐喻表现出来，揭露现实生活中的不公，但同时又展现了人类美好、善良的一面。雏菊虽小，却乐观、乐于奉献，在它并不华丽的外表下有颗纯洁的心。

童话具有特殊的语言魅力与艺术美感。童话中的隐喻无处不在，正是这些隐喻，使读者读后有了更深的思考。

拓展阅读

荞麦

在一阵大雷雨以后，当你走过一块荞麦田的时候，你常常会发现这里的荞麦又黑又焦，好像火焰在它上面烧过一次似的。这时种田人就说："这是它从闪电得来的。"但为什么它会落得这个结果？我可以把麻雀告诉我的话告诉你。麻雀是从一棵老柳树那儿听来的。

这树立在荞麦田的旁边，而且现在还立在那儿。它是一株非常值得尊敬的大柳树，不过它的年纪很大，皱纹很多。它身体的正中裂开了，草和荆棘就从裂口里长出来。这树向前弯，枝条一直垂到地上，像长长的绿头发一样。

周围的田里都长着麦子，长着裸麦和大麦，也长着燕麦——是的，有最好的燕麦。当它成熟了的时候，看起来就像许多落在柔软的树枝上的黄色金丝鸟。这麦子立在那儿，微笑着。它的穗子长得越丰满，它就越显得虔诚、谦卑，把身子垂得很低。

可是另外有一块田，里面长满了荞麦。这块田恰恰是在那株老柳树的对面。荞麦不像别的麦子，它身子一点也不弯，直挺挺地立着，摆出一副骄傲的样子。

"作为一根穗子，我真是长得丰满，"它说。"此外我还非常漂亮，我的花像苹果花一样美丽，谁看到我和我的花就会感到愉快。你这老柳树，你知道还有什么别的比我们更美丽的东西吗？"

柳树点点头，好像想说："我当然知道！"

不过荞麦骄傲地摆出一副架子来，说："愚蠢的树！它是那么老，连它的肚子都长出草来了。"

这时一阵可怕的暴风雨到来了：田野上所有的花儿，当暴风雨在它们身上经过的时候，都把自己的叶子卷起来，把自己细嫩的头儿垂下来，可是荞麦仍然骄傲地立着不动。

"像我们一样，把你的头低下来呀！"花儿们说。

"我不需这样做。"荞麦说。

"像我们一样，把你的头低下来呀！"麦子大声说。"暴风的安琪儿现在飞来了，他的翅膀从云块那儿一直伸到地面。你还来

> 同学们，在这一段中我们感受到了荞麦的自以为是，这不就是隐喻现实生活中骄傲、一意孤行的人吗？

不及求情,他就已经把你砍成两截了。"

"对,但是我不愿意弯下来。"荞麦说。

"把你的花儿闭起来,把你的叶子垂下来呀!"老柳树说。"当云块正在裂开的时候,你无论如何不要望着闪电:连人都不敢这样做,因为人们在闪电中可以看到天,这一看就会把人的眼睛弄瞎的。假如我们敢于这样做,我们这些土生的植物会得到什么结果呢?——况且我们远不如他们。"

"远不如他们!"荞麦说,"我倒要瞧瞧天试试看。"它就这样傲慢而自大地做了。电光掣动得那么厉害,好像整个世界都烧起来了似的。

当恶劣的天气过去以后,花儿和麦子在这沉静和清洁的空气中站着,被雨洗得焕然一新。可是荞麦却被闪电烧得像炭一样焦黑。它现在成为田里没有用的死草。

> 荞麦的结局正是隐喻了现实生活中自以为是、一意孤行的人最终的结果。

那株老柳树在风中摇动着枝条;大颗的水滴从绿叶上落下来,好像这树在哭泣似的。于是麻雀便问:"你为什么要哭呢?你看这儿一切是那么令人感到愉快:你看太阳照得多美,你看云块飘得多好。你没有闻到花儿和灌木林散发出来的香气吗?你为什么要哭呢,老柳树?"

于是柳树就把荞麦的骄傲、自大以及接踵而来的惩罚讲给它们听。

我现在讲的这个故事是从麻雀那儿听来的。有一天晚上我请求它们讲一个童话,它们就把这件事情讲给我听。

阅读思考 你还看出《荞麦》一文中有哪些隐喻的情节？快说给小伙伴听一听吧。

童话推荐 《茶壶》《踩着面包走的女孩》《跳高者》
在课外阅读中，我还发现（　　　　　）中出现了隐喻，我要多读一读，好好体会。

6 童话中的美好结局

　　结尾是文本不可或缺的部分,正因为它的存在,文本的整体意义才得以获得最终阐释。每个故事都有结局,或悲或喜,或团圆或遗憾。童话故事也不例外,大部分童话的结局都是美好的、完美的,都是读者所向往、所希望的。

文本课例

拇指姑娘

　　从前有一位老妇人,她得到了一颗神奇的种子。不久以后,种子开出了一朵美丽的大红花。在花的中间坐着一位娇嫩可爱的小姑娘,还没有大拇指的一半长,因此老妇人就叫她"拇指姑娘"。拇指姑娘的小床是一个漂亮的核桃壳,她的垫子是紫罗兰花瓣,被子是玫瑰花瓣。一天晚上,睡着的拇指姑娘被一只难看的癞蛤蟆发现了,癞蛤蟆想让拇指姑娘做他的妻子,于是背着她跳出了窗外,一直跳到花园的小溪里。小溪里长满了睡莲,癞蛤蟆把拇指姑娘放在最大的一片叶子上,自己跳走了。拇指姑娘坐在绿叶上,伤心地哭了,因为她不喜欢跟癞蛤蟆住在一起。水里游着的小鱼儿很同情她,他们咬断了叶梗,帮助拇指姑娘离开了小溪。有一天,拇指姑娘来到了田鼠的家,请求给她一颗大麦粒,因为她已经两天没吃东西了。热心的田鼠让拇指姑娘住进了自己的家。田鼠有一位穿着黑袍子的朋友——鼹鼠。

　　有一次,鼹鼠听到了拇指姑娘的歌声,他觉得美妙极了。鼹鼠喜欢拇指姑娘,可是,拇指姑娘一点儿也不喜欢他。一天,拇指姑娘看见了一只冻昏的小燕子,她用草编了一张厚厚的毯子盖在小燕子身上,希望他可以醒过来。整个冬天,拇指姑娘都细心地照顾着小燕子。春天来了,小燕子挥动翅膀飞了起来,他要带善良的拇指姑娘一起走。不过,拇指姑娘知道,这样做会让田鼠伤心的。小燕子只好告别拇指姑娘,自己飞走了。

　　鼹鼠向拇指姑娘求婚了,田鼠安排拇指姑娘做好嫁衣,准备做鼹鼠太太。可怜的小姑娘非常难过,她走到外面向太阳公公告别。这时,她救过的那只小燕子刚好飞过,小燕子让拇指姑娘钻进自己的羽毛里，带她飞到了一个温暖的地方。这里盛开着五颜六色的花儿，花丛里有一座漂亮的宫殿，里面住着美丽的花王子。花王子邀请拇指姑娘留在这里，从此，两个人过着幸福快乐的生活。

> 同学们，拇指姑娘经历了许多困难，最终和花王子过上了幸福的生活，多么美好的结局啊！

主旨解析

在这篇童话中，拇指姑娘娇小美丽、富有爱心，她救活了冻僵的小燕子，懂得知恩图报，对在困难中救助过她的田鼠忠心耿耿，虽然遭遇了很多不幸，但是始终不改变自己对美好生活的执着追求。最后她终于在小燕子的帮助下摆脱了鼹鼠的黑洞穴，重新获得自由，认识了花王子，最终和花王子过着幸福快乐的生活。拇指姑娘最后过上了幸福的日子，这么一个非常美好的结局，不就是读者们在阅读这篇童话故事时心中所期待的吗？这个结局也正是作者想要向读者们传达的内容——心地善良、富有爱心的人终究会有美好、幸福的结局。

表现手法

结尾是文本不可或缺的部分，正因为它的存在，文本的整体意义才得以获得最终的阐释。童话作为儿童文学的一种体裁，通过丰富的想象、幻想和夸张来编写适合儿童欣赏的故事，所以童话的结尾往往都是美好的、快乐的。

1. 美好的结尾切实有效满足儿童教育的需求，塑造儿童的价值观

"正义战胜邪恶""王子与公主幸福地生活在一起""丑小鸭变成白天鹅"这样的结局有助于将其中蕴含的美好的原则内化于心，

再外化为个体实践体现的能力。美好的结局，在一定意义上就是在强化人生信念，肯定它的真理性，使儿童相信正义的力量是无坚不摧的，相信无论任何时候都要坚持自己心中的信念并为之努力，有助于完成小读者们在儿童时期价值观的塑造和正义感的培养。

2. 美好的结局有利于儿童判断能力的培养

儿童判断能力的培养更加表现为，在文学作品之外的真实世界，小读者们能够根据自己的阅读提示做出超出自己生活经验的判断。在选择的时候他们能够明确区分，做正义之事是对的、行邪恶之举是错的。富有爱心、乐于助人是美的，谎话连篇、诋毁他人是丑陋的，而这种判断能力的形成是通过美好的结局来完成最终的确认。

3. 美好的结局有助于促进儿童实际行为的优化

由于儿童本身的年龄特点，因此他们的思考能力有局限性。儿童往往缺乏对某件事意义的深入思考，他们更关注的是故事的结局。而有时结局里面充满正义的强者、机智勇敢的智者更能成为他们愿意模仿的对象。这个时候童话中美好的结局就尤为重要，因为可能会潜移默化地影响儿童的成长。

拓展阅读

睡美人

从前有个国王，结婚多年一直没有孩子。国王和王后每天向上帝祷告，乞求给他们一个孩子。有一次，王后洗澡时，一只青蛙从水里爬出来，对她说："呱呱，你的愿望就要实现了，很快你就会有一个女孩子。"果然，不久王后就怀孕了，九个月后生下了一个非常漂亮的女孩。国王高兴极了，决定举行一次盛大的宴会来庆祝。

他遍请亲朋好友,还邀请了女预言家们。国内有十三个女预言家,不过,宴会上供她们吃饭的金盘子只有十二只,所以,她们中有一个人没被邀请,留在了家里。豪华的宴会上气氛很热烈。结束时,出席宴会的十二个女预言家纷纷送给孩子最美好的祝词,有祝她讲"道德"的,有祝她"美丽"的,有祝她有"财富"的。当第十一个刚说完她的祝词时,那个没被请到的女预言家走了进来,气哼哼地说:"我要公主十五岁时,被一个纺锤戳伤手指,倒地死掉,这就是我的祝词。"说完,转身离去了。所有人都大吃一惊。这时,还没说出自己祝词的第十二个女预言家走上前来,她虽然不能取消那个凶恶的咒语,但能把它加以缓和,她说:"我祝愿公主倒下去不是死掉,而是熟睡一百年。"国王为了使心爱的女儿免遭不幸,下令把全国的纺锤都烧掉。

公主慢慢长大了,正如女预言家们所希望的那样,美丽、聪慧、温和。在她快满十五岁时,有一天,国王、王后有事出去了,小公主一人留在宫中。她到处转悠,想看看各处的房间。最后她来到一座古老的钟楼旁,仿佛有一种神秘的力量吸引着她,使她非常想上去看看。她走上窄窄的楼梯,来到一扇小门前。她轻轻一碰,门就开了,里面坐着个老太婆,手里拿着一个纺锤,正在纺线。公主说:"你好,老妈妈,你在做什么呀?"老太婆说:"我在纺线。你看,挺有趣的,你愿意来试试吗?"小公主一点儿也没想到有什么危险,伸手接过纺锤。于是,咒语实现了,纺锤戳到了公主的手指,她立刻倒在一张床上睡着了。公主倒下的一刹那,睡眠病便传染了整个皇宫,所有的人和动物都停止了运动,沉沉地睡去。国王和王后从外面回来,一进大厅也睡着了。一切都静止了,连王宫前面树上的叶子,也一动不动。

不久,王宫周围就长起了一道玫瑰花的篱笆,这篱笆越长越高,最后把整个王宫都遮盖得严严实实，从外面一点儿也看不见了，但是关于睡美人的传说一直在国内流传着。时常有别国的王子来，想穿过玫瑰篱笆到王宫里去。不过那玫瑰的藤蔓就像人的手一样，缠得紧紧的，谁也别想穿过去。那些王子都被玫瑰藤蔓缠住，再也脱不了身，最后悲惨地死去了。渐渐地，再也没人来冒险了。一百年过去了。这天，又有一个王子来到这个国家，他听说了睡美人的故事，立刻就要去看她。人们都劝他别去，告诉他已有很多王子被玫瑰篱笆缠住而死去。但是王子不怕，执意要去冒险。

王子走近玫瑰篱笆，见那篱笆上开满了又大又美丽的花，那些花在他面前自动分开，留出一条路来。王子就走了进去，篱笆又自动合拢了。王子走进王宫的院子，看见马和猎狗们躺在地上睡觉，鸽子蹲在屋脊上，把头藏在翅膀下睡得正香。他走进屋里，见苍蝇在墙上一动不动。厨房里，厨师伸着手，正要去抓一个做错事的小孩，就这样睡着了。女佣坐在一只黑母鸡前，手里正拉着母鸡的毛，也以这个姿势睡了一百年。王子走进大厅，见国王和王后躺在王位上酣睡，其他人横七竖八，躺了一地。四周静悄悄的，只有他的脚步声在回荡。最后，王子来到钟楼旁。他走上楼梯，打开那扇小门，一眼就看见公主躺在里面的一张床上。她仍然那样美丽、动人，王子目不转睛地看着她，情不自禁地走上前，轻轻地吻了她一下。忽然，公主睁开了眼睛，看见王子，害羞地坐了起来。王子拉着她的手，走出了小屋。这时，国王和王后醒了，宫里所有的人都醒了，大家睁大眼睛互相望着，一点儿也不知道自己已睡了一百年。院子里的马站了起来，踢甩着马蹄；猎狗吠叫着，到处乱窜；屋脊上的鸽子张开翅膀，扑棱棱飞上了蓝天；墙上的

> 大家都苏醒了，王宫里又变得生机勃勃、热热闹闹了。王子与公主幸福地生活在一起了。多么美好的结局啊！

苍蝇来回爬动，寻找着美味佳肴；厨师一把抓住了孩子，打得他哇哇叫；女佣继续拔着鸡毛。一切又变得生机勃勃、热热闹闹。王子与公主举行了婚礼，幸福地白头偕老。

阅读思考 你喜欢《睡美人》最后的结局吗？为什么？

童话推荐 《小木偶的故事》《丑小鸭》《白雪公主》
在课外阅读中，我还发现（　　　　）有美好的结局，我要多读一读，好好体会。

神话阅读

1 半人半兽的形象

中国古代的神话故事刻画了许多经典的人物形象,如盘古、炎帝、黄帝、颛顼、姜子牙等。他们的美德和光辉事迹在民间广为传颂。其形象栩栩如生,显示出中国古代神话的魅力。除此之外,中国古代神话故事中有一类特别的形象,即"半人半兽",如伏羲、女娲等。这些形象来自原始人的图腾崇拜。在古代,人类对大自然中各种动物具有的能力,如巨大的力量、飞翔、潜游、灵敏的听力等,感到不可思议。他们十分羡慕这种能力,并且想要拥有,所以往往在幻想中将动物的躯体与神力相结合,因此,创造出了这种"半人半兽"的形象。

文本课例

风伯雨师

不仅雷电有专门的神仙掌管着，风雨也不例外。掌管风的神仙叫风伯，掌管雨的神仙叫雨师。风伯据说是蚩尤的师弟，原名叫飞廉，又被人们称为风师、箕伯。风伯长着鹿一样的身子，孔雀一样的头，头上有角，还有一根像蛇一样的尾巴，整个身体像豹子那么大。

> 你能发现风伯外貌的神奇之处吗？

飞廉在祁山修炼的时候，发现山对面有一块大石头，每次风雨来的时候，那块大石头便像燕子一样飞起来，等天放晴时，又一动不动地在原处。飞廉不由得暗暗称奇，于是留心观察起来。

有一天晚上，飞廉忽然发现这块大石头动了，转眼间，大石头变成一个像布袋子一样的没有脚的怪物。那怪物朝地上深吸了两口气，然后仰天喷出。刹那间狂风骤起，那怪物又似飞翔的燕子一般，在大风中飞旋。飞廉身手敏捷，一跃而上，逮住那活物，才知道它就是通五运气候、掌八风消息的风母。于是，他从风母那里学会了招风、收风的法术。

飞廉虽然法力了得，但在干旱面前却无能为力。神农当首领期间，人间爆发了一场极为见的旱灾。一连数月，滴雨未落，田里的庄稼都枯萎了。旱情最严重的地方，川竭山崩，皆成沙砾，连人畜都渴得奄奄一息，更别说汲水浇地了。

神农看到这种情形可愁坏了，召集大家讨论缓解旱情的办法。正当众人都束手无策时，不知从哪儿跑来一个蓬头跣足、相貌古怪的人。他上披草领，下系皮裙，手里还拿

> 雨师的相貌又有什么特别之处呢？

根柳枝。那人说他叫赤松子，曾追随师父在昆仑山西王母石室中修炼多年，颇有心得，有唤雨的本领。

真是喜从天降，神农让他快下一场雨看看。只见赤松子服下一种叫"冰玉散"的粉末，之后化为一条虬龙，一飞冲天。霎时，乌云蔽日，倾盆大雨从天而降，眼看要枯死的庄稼又恢复了郁郁生机。

后来，黄帝战蚩尤之时，飞廉和赤松子去给蚩尤助战。黄帝和蚩尤迅速展开战斗，双方实力相当，一时难分胜负。飞廉和赤松子见状，一起作起法来。说时迟，那时快，只见天昏地暗，走石飞沙，暴雨狂泻，旋风大作。风助雨势，雨添风威，狂风暴雨中，黄帝众军士自乱阵脚，眼睛都睁不开，更别提分辨方向、有效作战了。蚩尤趁机发动猛攻，打得黄帝一方丢盔弃甲，落荒而逃。就这样，蚩尤倚仗飞廉和赤松子能呼风唤雨的优势，九战九胜。

黄帝在泰山会集群臣，彻夜不休，商讨对策。终于，他们设计出两个破敌法宝——指南车和牛皮鼓。指南车有二十八个轮子，分为上下两层，车上有一个木刻的人像，手指前方。车轮滚动时，无论往哪边转，木刻人手指的方向始终是正南方。牛皮鼓一共有八十面，一起敲响的时候，三千八百里以外都能听得清清楚楚。于是黄帝与蚩尤再次展开战斗。

双方交锋，蚩尤仍像前几次那样，让飞廉和赤松子呼风唤雨，让敌营陷入混乱。但这次，蚩尤失算了。这一次，不管多大风雨，黄帝都让大家紧跟着指南车，这样，黄帝就能不惧风雨，分辨方向，稳定军心了。接下来，黄帝一声令下，一队军士用力敲起牛皮鼓来，顿时惊天动地，石裂云崩。旱神女魃也来相助，击退风雨，飞廉和赤松子吓得魂飞魄散，赶紧还原成本相，跟着蚩尤一块狼狈逃窜。

> 想一想，为什么神话故事中风伯和雨师的形象与常人不同？

黄帝挥师追击，终获全胜，活捉了赤松子和飞廉。因为这两个人都表示降伏，黄帝就留下了他们，要他们改恶向善,造福一方。后来，黄帝成为天帝，封飞廉为风伯，掌管世间的风；封赤松子为雨师，负责人间的雨。从此，清风、甘霖不断，人类世代延续，其乐融融。

主旨解析

《风伯雨师》这篇神话故事，充满了神奇的想象。与常见的神话形象如姜子牙、盘古等不同，风伯在形象上很快就能吸引读者的眼球，他长着鹿一样的身子，孔雀一样的头，头上有角，还有一根像蛇一样的尾巴，整个身体像豹子那么大。这似人非人、似兽非兽的形象却偏偏有如此神奇的本领。在古代，科技不发达，人类对大自然了解不深、不透，因此觉得大自然神秘莫测。即使是何时刮风、雨量多少这样简单的问题人类都不能预测，因此人类对风伯和雨师这种呼风唤雨的神力非常向往，于是才将这样的神力和动物的躯体结合在一起，"半人半兽"的形象由此产生。

表现手法

在中国古代神话故事中，有许许多多的神。这些神主要分为山神和天神。在这众多的神当中，除了具有人的外形的"神"之外，还有具有鸟兽等动物特征的兽形神、具有人和兽的特征的"半人半兽神"。如具有鸟兽等动物特征的兽形神包括龙首鸟身、鸟首龙身、龙首马身、马首龙身、人首猪身、人首龙身、人首马身、人首牛身、人首羊身、人首蛇身、人首兽身、人身龙首等。如在神话故事中，对西王母的描述是外形像人，但是却长着虎牙豹尾。西王母居住在寒冷的昆仑山，为了抵御寒冷，她穿着虎皮，有一头蓬松的、浓密的长发。可能居住在昆仑山外的古人远远地看见西王母，因为害怕不敢上前一探究竟，远观一眼随即逃走，西王母渐渐就变成了神话故事中描绘的这种形象。

古人的生活环境十分恶劣，生活资源匮乏，人们不但要担忧与大自然和谐共处，还要时时刻刻与大自然的各种灾害做斗争。出于对"神"和"兽"的敬畏心理，人们在遇到自然灾害时，便会发挥自己的想象，将人和兽的形象结合起来，创造出了千奇百怪的"半人半兽"形象。

其中，很多人面兽身的形象的出现会伴随着一些自然现象的发生。例如，当人身龙首的山神计蒙出现时，会伴有旋风和暴雨；而人身羊角的山神的出现是凶兆，他们会带来大风大雨和洪水，造成庄稼的绝收。这些人面兽身的形象的出现，以及一些人们对神的祭祀仪式，反映了早期人们生活的艰辛、自然科学知识的缺乏以及对大自然的敬畏、对美好生活的向往。

在神话故事中，半人半兽形象的出现更体现了神话故事中夸张的、丰富的想象。在这类故事中，风伯等半人半兽的形象一般在开始时都是恶的一方，经过一番斗争，最终改恶向善，将自己的神力发挥得淋漓尽致。

其实，半人半兽形象的产生还与氏族的图腾传说有关。每个氏族都有一个关于图腾的传说，这是整个氏族成员都认可的、坚定信仰的，可以把氏族成员紧密联系在一起的黏合剂。

神话故事中的半人半兽形象不是简单的想象与模仿，而是展现了人类对世界的独特认识。它将动物的灵气和人自身连接在一起，使人的地位在其他生物之上，同时又包含了其他生物的灵性。有些甚至拥有了一种神性。这些形象成为人类与仙界沟通的使者，使天、地、人、神逐渐合一。

拓展阅读

雷公电母

雷公，又叫"雷神""雷师"，是掌管雷的神仙。传说雷公孔武有力，袒胸露腹，背上有两个翅膀，额头上有三只眼睛，目光如炬，肤色赤红，尖嘴猴腮，像一只猕猴，还有一双像鹰爪一样厉害的脚。雷公左手拿楔，右手拿槌，好像随时准备打雷。

雷公嫉恶如仇，性情暴躁，一听说有人犯法就大发雷霆，不分青红皂白就击打槌楔发雷将其打死。因此，被雷公打死的人中，难免有些是被冤枉的，因而天帝派电母来辅佐他。

与雷公的面目狰狞不同，电母相貌端雅，衣裙翩翩，彩带飞扬，柔中带刚，有巾帼英雄之风。作法时，雷公手持槌楔，电母手持双镜，电母明辨是非善恶之后，雷公才打雷。

他们一旦作法，瞬间乌云密布，狂风四起，飞沙走石。电母射出耀眼的闪电，雷公投下震天响雷，只听"轰隆"一声巨响，为非作歹之人便被击杀。

电母是掌管闪电的女神，又被称为"金光圣母""闪电娘娘"。传说电母原是民间的一位孝女，由于家境贫寒、丈夫早亡，她与盲人婆婆两人相依为命。本就穷困，又逢灾年，婆媳俩每日都食不果腹，忍饥挨饿。

> 如果用一个词语来概括电母的形象，我觉得应该是（　　）。

眼看米缸里的米越来越少，媳妇没办法，只好给婆婆吃米饭，自己悄悄地吃难以下咽的胡瓜子。后来婆婆知道了这件事，于心不忍，便把米饭留下来给媳妇，自己吃胡瓜子。一天，媳妇从地里回来，看到婆婆在吃胡瓜子，便一把将胡瓜子抢了过来。

此时，正在天上观察凡间、时刻准备行雷的雷公，未加详察，竟误以为这个媳妇不孝顺，跟婆婆抢吃的，一怒之下打了个炸雷，把孝媳劈死了。婆婆得知孝顺的儿媳被雷劈死了，伤心欲绝，再加上缺衣少食，无人照顾，不久也一命呜呼了。

这件事一传十，十传百，很快就传到了天帝的耳朵里。天帝为了避免雷公执行公务时再误杀好人，便将那冤死的孝媳封为电母，辅助雷公作法，每当雷公要打雷时，先让电母发出闪电，使雷公看个清楚，所以每次打雷时都先有电光一闪。

阅读思考

1. 在《雷公电母》这篇神话故事中，雷公的形象有何特别之处？
2. 作者为何要将雷公的形象刻画得与常人不同？
3. 你喜欢雷公这个形象吗？

神话推荐

《伏羲出世》《烛龙圣神》《伏羲与女娲》
在课外阅读中，我发现（　　　）中也出现了"半人半兽"的形象，我要多读一读，好好体会。

2 超乎寻常的神力

　　神话产生在生产力和人们的认识能力都十分低下的原始时代，那时人类的意识开始发展，但思维方式极为简单。原始人对自然界、自然现象以及人类自身都无法进行科学的认知和解释，所以人们凭借着自己狭隘的生活经验加以想象和幻想，创造出主宰日、月、风、雨、雷、电以及天、地的神，并且赋予他们超乎寻常的神力。他们可以呼风唤雨，可以上天入地。他们威力无边，受到当时人们的崇尚和尊崇。

文本课例

哪吒闹海(节选)

瞬息光阴,暑往寒来,不知不觉已经过了七年。哪吒七岁的那一年,身高约有六尺。这一年的五月份,天气炎热,李靖因为东伯侯姜文焕造反,在游魂关大战窦荣,因此每日操练三军,教练士卒,没空管教哪吒。

哪吒见天气炎热,心里烦躁,于是拜见母亲:"孩儿想要出去玩一会儿,希望母亲同意。"李靖管教严格,不允许哪吒私自外出,所以,每次哪吒出去,都要禀报父母。

殷夫人爱子之心重,于是便答应下来:"哪吒,你既要去外面闲玩,可带一名家将领你去,不可贪玩,快去快来。如果你的爹爹操练完回来后,会骂你的。"

哪吒见母亲答应,开心地和家将外出。天热难行,没走多久,哪吒走得汗流满面,于是和家将来到一条江边,洗澡解暑。

哪吒脱了衣裳,坐在石上,把七尺混天绫放在水里,蘸水洗澡。不知这河是九湾河,乃东海的入海口。哪吒将此宝放在水中,把水都映红了。摆一摆,江河晃动;摇一摇,乾坤动撼。哪吒洗澡,竟然让水晶宫晃得乱响。

> 5—7自然段表现了哪吒拿着混天绫洗澡时,声势浩大,神力无边,多读一读,好好体会。

哪吒在海水中洗澡,手里挥动混天绫。混天绫乃上古的宝物,七尺长,能自动捆绑敌人,即使被剪断了也能自动修复。混天绫摆一摆,江河晃动;摇一摇,乾坤动撼。哪吒在水中嬉戏,舞动混天绫,高浪滔天,整个大海像是倒转过来一般。

大海震动,海底的水晶宫也受到了波及。水晶宫也随着海水的

神话阅读 067

翻滚而震动,像是地震一般。东海龙王敖广在水晶宫坐,只听得宫阙震响,敖广急忙呼唤左右随从,问道:"海底不应该地震,为什么宫殿晃摇得如此厉害?"东海龙王传命与巡海夜叉李艮,看看是何物作怪。夜叉李艮奉命来到海面上巡逻,夜叉李艮向九湾河一望,却见水全部是红色的,光华灿烂,只见一小孩子将红罗帕蘸水洗澡。夜叉分开水,大叫道:"那孩子手里拿的是什么怪东西,竟然可以把河水映红,让宫殿摇动?"

哪吒听到声音,回头一看,见水底一怪物,面如蓝靛,发似朱砂,巨口獠牙,手持大斧。哪吒好奇地问:"你这怪物,是个什么东西,怎么也会说话?"夜叉大怒:"我是东海巡海夜叉,怎么骂我是怪物?"夜叉一跃,跳上岸来,向哪吒顶上一斧劈来。哪吒正赤身站立,见夜叉来得勇猛,将身躲过,把右手套的乾坤圈往空中一举。此宝原是昆仑山玉虚宫所赐太乙真人镇金光洞的宝物,夜叉哪里经得起,乾坤圈打来,正落在夜叉头上,只打得夜叉脑浆迸流,即死于岸上。

哪吒笑道:"把我的乾坤圈都弄脏了。"哪吒坐到石头上,用水清洗乾坤圈。水晶宫如何经得起乾坤圈和混天绫二宝震撼,险些把宫殿都晃倒了。

> 乾坤圈的威力不容小觑啊!

主旨解析

哪吒本是灵珠子转世,出生奇异,一身神器,能变化三头六臂,为莲花化身。以上文本是《哪吒闹海》中的精彩片段。故事讲到他七岁时下海玩耍,拿着混天绫洗澡玩耍,竟然撼动了整个东海龙宫,使得龙宫摇晃不已,如遇地震一般,让我们初步感受到哪吒作为一个神话故事的传奇人物的厉害之处。随着故事情节的推进,哪吒用乾坤圈轻轻松松打死夜叉李艮,继而捉住蛟龙抽筋刮鳞,从而闯下大祸，塑造出一个年少无知但神力广大的哪吒形象。

表现手法

中国神话故事是古代人民智慧的结晶，体现出人们最古老的信仰，也体现出古人的宇宙观和人生观，是古人对于大自然现象的一种解释。神话故事的主人公也并非子虚乌有，有很多是古代的先人或者部落首领经后人神化后的创新，比如尝尽百草的神农、三过家门而不入的大禹等。他们受后人尊崇，甚至成为人们的精神寄托，所以被后人赋予超乎寻常的神力，具有神奇的人物色彩。神话中人们的想象是极其夸张的，如盘古可以手顶天、以脚踏地，女娲可以补天上的窟窿……这些看似荒诞的故事情节以及具有超乎寻常的神力的人物形象，却让我们感受到中国神话故事的魔幻色彩。

1. 人物天赋神力

在中国古代神话故事中，这类人物形象是比较多见的。他们大多一出生就自带神力，拥有无穷的力量或者某一方面的掌控力，是天生的神。他们往往不依附各类兵器、神器、法器等，就拥有超强的能力，有的可以上天入地，有的可以呼风唤雨，如开天辟地的盘古、炼石补天的女娲、嫉恶如仇的雷公等。在读者看来，他们神秘莫测，虽荒诞离奇，却又让人心生向往。

2. 人物有神器相助

在中国古代神话故事中，这一类的形象是最常见的。他们有的除了自身本领高强之外，还有各类神器、神物的相助和加持；有的虽无神力，但是有了神器、神物的相助，也变得强大起来，从而降妖除魔、造福人间等，成就了一段段充满神奇色彩的佳话。比如上文中的哪吒，除了本身就有超乎寻常的神力之外，还有太乙真人赐予的混天绫、乾坤圈、风火轮，有了这些神器的相助，哪吒的本领就更加强大了。这也成为人物形象的一大特点。再如劈山救母的沉香，他生下来本是一个普通人，但是为了解救自己的母亲，拜师学艺，后来在宝莲灯的帮助下救母成功，成为一个勇敢而又守孝的人物形象。除此之外，还有八仙过海里的各位神仙，吕洞宾的剑、铁拐李的拐和毛驴、韩湘子的神笛……这些神器不仅仅让人物的神力得到彰显，进一步升华为人物的显著特征。

总之，大多数神话故事里的人物，不管属于哪一类型，都拥有超乎寻常的神力。古人凭借着自己夸张的想象以及生活经验，编织着专属于他们的梦，创造出一篇又一篇的神话。一个个故事、一个个鲜明的人物形象，让我们沉浸在神奇的世界里。

拓展阅读

烛龙圣神

自从盘古开天辟地，世界便有了日月星辰、江河湖海、山川草木。世界变得丰富多彩的同时，也慢慢衍生出了一些问题。比如，没人看管世间万物，太阳和月亮出来没有固定的时间，什么时候出来、出来多久，都凭它们各自的心情。有时，太阳高兴了，一连几天都烈日炎炎；有时，月亮忽然勤快起来，数月都是漫漫长夜。整个世界混乱极了，没有昼夜的区别，也没有四季的变换，人们的生活毫无规律可言。

（　　）到（　　）自然段让你感受到了烛龙超乎寻常的神力？

这时候，在世界的北方，有一位大神名叫"烛龙"，又名"烛阴""烛九阴"。他长着人的面孔，蛇的身子。他那蛇身弯弯绕绕，足足有一千里那么长，而且全身通红，像烧红的火炭一样。

烛龙神通广大，他那火红的身子能照亮整个宇宙，甚至能将地下十八层都照得一片通明。除此之外，他还有一双极其明亮的眼睛。他只要一睁开眼，世界立刻被照得如同白昼一般；他一闭上眼，世界又重新陷入无尽的黑暗。

　　虽然烛龙有如此神力，但他需要的很少。他不吃饭，不喝水，也不睡觉，然而，他每天精力充沛，让昼夜和四季正常运转。

　　他不像别的神仙那样力大无穷，喜欢大吼大叫，而是常常轻轻地呼吸，调节春夏秋冬。他呼出一口气，世间顿时烈日当空，夏天便开始了；他吸一口气，树叶一下变得色彩斑斓，秋天就来临了；他再呼一口气，雪花纷纷扬扬从空中飘落，冰天雪地，冬天悄然而至；他再吹一口气，便是百花盛开，春天欣然走来。

　　烛龙为了维持宇宙间万物的正常运转，就这样永不停息地睁闭开合。就在这一睁一闭中，昼与夜之间有了规律性的变化。一年四季也在这有节奏、有规律的一呼一吸中循环往复，运转不停。

　　人们感念于烛龙的威力和对人类的体恤，心怀崇敬地尊他为"烛龙圣神"。

阅读思考
1. 烛龙圣神是怎样变幻四季的？
2. 你最佩服烛龙圣神的哪一种神力？

神话推荐
《雷公电母》《大禹治水》《巨人防风氏》《沉香劈山救母》《二郎担山赶太阳》
在课外阅读中，我发现(　　　)也具有超乎寻常的神力，我要多读一读，好好体会。

3 对"神"的献身精神的崇尚

献身精神是一个比较大的概念,有很多方面。笼统来说,当一件事情是可以牺牲小我、完成大我的时候,就需要献身精神。在我国古代神话故事中,"对神的献身精神的崇尚和礼赞"是中国上古神话尚德精神的重要体现。对献身精神的崇尚和礼赞,尤其在创世神话中得以展现。盘古生前不畏万难完成开天辟地的丰功伟绩,而死后化生万物,造福人间。这种精神千古流传,不仅在当时受到礼赞,而且历经时空变换,时至今天仍然有迷人的光彩。

文本课例

大禹治水

在远古时代，人间常常闹水灾，因为天帝一旦认为人们做了错事，就会降下洪水惩罚世人。很快，大地上就变成一片汪洋，洪水漫天，无边无际。庄稼被水淹没，房子也被大水冲毁，到处都是老百姓的哭声。

有一个叫鲧的英雄看到了这一切，很想阻退洪水，拯救世人。可用什么办法能阻退洪水呢？他想来想去，终于想出了一个办法：只要在村子周围建起高高的堤坝，就可以挡住洪水了。而且，他听说天庭有一种叫"息壤"的宝物，只要往水里撒一点儿息壤，它就会马上生长起来，堆成大堤。

为了得到息壤，鲧历尽千辛万苦，来到了西方的昆仑山。他乞求天帝将息壤赐给他，可是天帝拒绝了他的请求。鲧心里挂念着在洪水中痛苦挣扎的百姓，于是就打昏了守卫的士兵，偷走了息壤。鲧来到人间，将息壤往水里一撒，果然，息壤立刻迅速生长，并形成大堤，挡住了肆虐的洪水。

> 2—4自然段讲述了鲧为了治理洪水，不惜牺牲了自己的生命，好好读一读，体会体会吧。

可是，天帝很快就发现了鲧偷盗息壤的行为，非常生气，他下令收回了息壤。洪水立即反扑而来，冲垮了堤坝，毁坏了田园，又淹死了好多百姓。即使这样，天帝仍不解气，他还派火神祝融把鲧抓起来，并带到羽山处死了。鲧的遗体三年都没有腐烂。他没能为百姓解除洪水之患，感到非常遗憾，于是在尸身的肚子里孕育了一个新的生命。这个小生命吸取了鲧所有的元气，还吸收了天地日月的精华，慢慢长大。

天帝知道了这件事，又派了一个天神带着宝刀去把鲧的尸体剖开。天神一刀砍下去，就看到一个小孩子从鲧的肚子里跳了出来。他就是鲧的儿子禹。禹很快就长大了，他变作一条威武的大龙，朝天庭飞去。

　　禹在天庭见到了天帝，禀告说自己要继承父亲的遗愿，消除水灾，解救人间百姓。天帝被鲧和禹的坚强意志打动了，于是就将息壤交给了禹，让他去治理洪水，还派了神龙去帮助他。

　　禹让一只神龟驮着息壤，他站在神龟的背上，一边走一边撒下息壤，把地面上深深的鸿沟填平，把人们居住的地方加高。他又让神龙在洪水泛滥的地方用尾巴划出河道，让洪水流进江河，再顺着江河流向大海。<u>禹一心扑在治水的工作中，直到三十岁才与涂山氏的女儿结婚。可是结婚才三天，他就不得不离开妻子，带着助手赶往治水的前线。</u>

　　<u>在这以后的几年里，禹为了治水走南闯北，日日夜夜地奔走在治水的工地上。他想到自己的父亲因为没有完成治水任务而受到了惩罚，便更加殚精竭虑地治水。禹曾经三次经过自己的家门口，但是都因为治水的工期太紧，一次也没有进门看望家人。</u>

> 好好读读画线的部分，感受一下大禹为了治水，舍家舍妻的献身精神吧。

　　经过许多艰难和辛苦，禹终于制服了洪水，人民又可以安居乐业了。天下百姓都非常感谢禹的功劳，尊称他为"大禹"。当时人间的首领舜也知道大禹爱护百姓，威望很高，就将自己的位子禅让给了他。

主旨解析

　　《大禹治水》先是描述了大禹的父亲鲧治水失败并被天帝处死，

让我们看到一位具有献身精神的英雄；然而故事并没有结束，他的这种精神在儿子大禹身上得到传承，大禹为消除水患、解救天下苍生，长期奋斗在治水一线。甚至为了不拖延工期，他三过家门而不入。大禹时时处处以百姓的利益为先，为集体利益牺牲了个人利益。这种献身精神再次在大禹的身上发扬光大，熠熠生辉，得到人们的崇尚和礼赞。在遥远的古代，人们生活艰苦，一场洪水就可以夺去无数人的生命，人们在自然灾害面前无能为力，期盼有这样一位有能力的领袖帮助人们战胜灾害。大禹的这种克己奉公、勇于奉献的精神在当时必然受到人们的尊崇和礼赞。

表现手法

翻开中国上古神话，一个圣贤的世界扑面而来，有着鲜明的东方文化特色，其中尤为显著的是崇尚、礼赞献身精神的尚德精神。这种尚德精神在与西方神话特别是希腊神话比较时，显得更加突出。中国古代神话中的这种尚德精神，一方面源自原始神话的内在特质，另一方面则是后代神话改造者们着墨最多的得意之笔。几千年来，这种尚德精神影响着人们对历史人物的品评和对现实人物的期望，决定着社会对人们进行教育的内容与目的。

以天下苍生为重，平治天下、造福人类是他们的根本职责。中国上古神话中的尚德精神不仅仅体现在伟大的献身精神上，同时也体现在"保民佑民的责任感"上。远古时代，许多著名的大神均具有始祖神的身份。这些始祖神均是自己部族中卓越的人物，他们在本民族的发展与壮大的过程中，起到过巨大的作用。特别是自西周以来，由于历史和政治的需要，诸子百家有意识地改造神话中的人物形象，将人类理想的英雄美德都加在了他们身上。

不仅创世神和始祖神如此，我国远古神话英雄的故事传说以及对英雄的讴歌，同样也反映出一种崇尚奉献与牺牲的精神。在这些神话中，大凡是为社会的进步、人类的幸福而献身的英雄都备受人们的赞颂；反之，凡是那些不利于社会前进、有碍于人类幸福的神性人物则要遭到唾弃与批判。所以，为逐日而死的夸父、射日除害的后羿、救民于水患的大禹等均在人民的心目当中有着崇高的地位；被大水淹死之后变成鸟，不停地以木石勇填沧海的精卫，也生生世世为人们所敬重。而那些残害人类的怪兽一般的反面人物，如果不被英雄所诛灭，也会被历史文化所诛灭。

正是这种尚崇尚奉献和牺牲的精神，使中国文化处处体现出对"德"的要求。在我们传统的"修齐治平"的人生境界中，将"修身"摆在第一位，也说明了这一点。只有"从头做起"，先修身才能齐家，然后才能治国、平天下。

拓展阅读

女娲补天

女娲是传说中一位美丽而伟大的女神，盘古开创了天地，女娲则是这个天地的守护神。她掌管着日月运行、风云变幻，呵护着世间的一草一木、鸟兽鱼虫。

有一天，女娲来到一条河流的上空，看到自己在水中的倒影，便萌生了一个念头：为什么不造一些和自己形貌相似的生物，让他们和自己来共同守护这个世界呢？

于是，女娲便用黄土塑造了许多和自己形貌相似的泥像，又将自己的神灵之气注入这些泥像的身体之中，赋予他们生命和智慧。女娲将这些泥像称作"人"，而"人"则称女娲为"母亲"。为了让人类能够绵延发展下去，女娲教会了他们用婚姻的方式来繁衍后代。

人类和母亲女娲享受着大自然赋予的丰厚果实,过着幸福快乐的生活。然而,有一天,美好的生活突然被一场巨大的灾难破坏了!

> 神农面对险峻的自然环境退缩了吗?

一条凶残的黑蟒在世间横行肆虐,竟然撞倒了撑天的巨柱——不周山。随着不周山的轰然倒塌,刹那间,乌云遮住了天日,空中巨雷炸响,闪电火蛇般乱窜,点燃了山林,受惊的野兽四处奔逃。即便那条作孽的蟒蛇也葬身火海,天地间也依然一片混乱。

在地动山摇的惊雷声中,大地被震碎,一道道大谷深坑纵横交错;高山跌入大海,激起冲天巨浪;大海怒吼着冲向陆地,拍碎岸边的岩石。更可怕的是,一道道巨大的裂缝出现在天幕上——天空崩裂了。

天河的水立刻奔涌着冲下裂缝,世间顿时大雨滂沱,山洪爆发,江河猛涨,无数生命被洪流吞噬。惊恐的人类纷纷逃到女娲身边,女娲又怎么忍心看生灵涂炭、看自己守护的世界被毁灭?她把幸存的人类带到一个巨大的山洞藏身。

女娲知道,只有找到那些具有神奇力量的五彩石子,把它们熔炼成五彩巨石,才能补好天幕上的裂缝。可是,那些五彩石子都隐藏在世间最隐秘的角落,而且还有各种神秘而巨大的力量在守卫着。

但是任何艰难险阻都不能阻挡女娲拯救人类的脚步,她施展自己神奇、伟大的力量,历尽千辛万苦,终于找到了所有的五彩石子。

她在大荒山下燃起风吹不灭、雨浇不熄的天火,然后将这些五彩石子投进烈火中。那天火一连烧了九天九夜,五彩石子终于被熔炼成一块块五彩巨石。这些巨石流溢着五彩的光芒,蒸腾着滚烫的热气。这些光芒和热气一直升腾、升腾,化作天空中的五彩云霞。

女娲举起一块五彩巨石,迎着狂风暴雨向天裂处飞去。狂风撕扯着她的衣裙,暴雨击打着她的身体。女娲忍着一切痛楚,咬紧牙关,终于将一块块五彩巨石嵌入破裂的天空。

当天空只剩下最后一道裂缝的时候,所有的五彩巨石都用完了。女娲知道,现在只有牺牲自己的身躯才能拯救人类了。于是,女娲毅然地飞上去,用她的身躯填补天空的最后一道裂缝。

乌云散尽,阳光闪耀,天地之间又恢复了往日的祥和、平静。只有那些缭绕的、飘散的五彩云霞,永世记载着女娲的伟大功绩。

> 在这一自然段里,神农(　　　)的事情,让我们感受到了他的献身精神。

阅读思考

1. 你从哪些地方看出女娲补天是一件十分危险的事情?
2. 你觉得哪个地方最能体现女娲的献身精神?
3. 读了这篇神话故事,你想用一句什么样的话来赞美女娲?

神话推荐

《神农盗谷种》《夸父追日》《后羿战巴蛇》《八百蛟龙护南岳》

在课外阅读中,我发现(　　　)中也有对人物献身精神的礼赞,我要多读一读,好好体会。

4 神秘莫测的故事情节

　　神话故事的产生与原始人类为了自身生存而进行的同大自然的斗争紧密相关。在古代社会，生产工具简陋，变幻莫测的自然力对人类造成了严重的威胁，与此同时，原始人对客观世界的认识也处于极为幼稚的阶段。日月的运行、昼夜的变化、水旱灾害的产生等，都使他们感到迷惑、惊奇和恐慌。他们迫切地希望认识自然，于是便以自身为依据，想象天地万物都和人一样，有着生命和意志。在这种思想的支配下，所有的自然物和自然力都被神化了。因此，读者对神话故事中神秘莫测、光怪陆离的故事情节便有了很大兴趣。

文本课例

孟姜女哭长城

秦始皇修长城,闹得普天下老百姓鸡犬不宁。相传有一对新婚夫妻,男的叫范杞梁,女的叫孟姜女。小两口结婚后恩恩爱爱,日子过得蜜一样甜。可惜好景不长,没过几天,范杞梁就被官府征往北方去修长城。命令一下,范杞梁哪敢不去,小两口愁得没法,二人抱头大哭一场,就忍痛分开了。

日转月也转,光阴快如箭。范杞梁一去就是几个月,像石沉大海,一点音讯也没有。孟姜女一人在家,白天吃饭不甜,晚上睡觉不香,重重心事也没有个人说。就这样,她慢慢觉着衣裳宽了,镯子也松了。

又过了一个月两个月,三个月五个月,转眼到了十月里。天气冷了,草上的露水变成了白霜。这时候,东家西家,左邻右舍,拆拆洗洗,缝缝补补,都赶着给去修边墙的亲人送寒衣。

户大人多,有兄弟的,送衣裳都是男的去。范杞梁单根独苗,没有兄弟姐妹,况且父母又年老体弱,哪有力气去送寒衣?孟姜女一则怜惜父母,二则思念丈夫,便拿定主意,要亲自给丈夫送寒衣去。

孟姜女动身前打扮打扮,带好棉衣、干粮,临走时拜别公婆,喊一声"爹",叫一声"娘",哭着说:"我要找到范杞梁,一对夫妻好回乡;我要找不到范公子,任死不见爹和娘!"

孟姜女出门走了七八里,就觉着腰酸腿痛,上气不接下气。她心想,像这样一步一挪,几千里路程啥时才能走到?想到这里,孟姜女不由得哭了起来。她想着哭着,哭着走着,不知不觉走到了一块云彩上。原来是神人搭

> 同学们,读到这里,你感觉到神话故事的神秘莫测了吗?

救她哩！

　　孟姜女坐在云彩上，只听见风声呼呼直响，不多一会儿，就来到了长城边。她睁开眼一看，修长城的工地上，就像蚂蚁行雨一般。大家一个个破衣烂鞋，面黄肌瘦。长城上下，死的人成堆，秦兵正拉着往城墙里面埋。孟姜女一见，吓得脸色煞白，不由得心惊肉跳。她赶紧向民工们打听丈夫的消息，问了好几个人，都说不知道。她的心又收紧了，生怕有什么意外。最后她向一个抬石头的人打听："大哥，你可知道在这里修城墙的有个叫范杞梁的吗？"抬石头的民工低下头想了想说："早先是有个叫范杞梁的，不过，多天以前，他累死后就埋在这边墙里了。"

　　真是腊月里打响雷，六月里下苦霜！孟姜女一听，当时一句话也说不出来了。她两腿一软，眼前一黑，"扑通"一声瘫在地上，拉起围裙把脸一蒙，嚎啕大哭起来。孟姜女哭了第一声，长城上的砖瓦乱往下落；孟姜女哭了第二声，整个长城都乱摇晃；孟姜女哭了第三声，只听"哗啦啦"一声，城墙塌了几十丈。孟姜女哭着，城墙塌着，哭得悲痛，就塌得快、塌得多，顷刻之间，竟哭塌了几百里。长城一塌，露出了白花花的死人骨头。孟姜女知道这里边就有自己丈夫的骨头，也顾不得害怕了。她把中指咬破，往骨头上挨个滴血，滴着说着："要是杞梁，血就渍湮；不是杞梁，血不变样！"孟姜女说着哭着，哭着说着，滴着血，掉着泪，走一处，又一处，最后总算找到了自己的丈夫。她抱起尸骨大哭三天，直哭得天昏地暗、日月无光。

　　孟姜女哭塌边墙的事，传到了秦朝皇宫里。秦始皇马上命令满朝文武大臣一齐出动，不光要阻止孟姜女再哭倒长城，还要把她杀掉。

> 同学们，你们发现了吗？第7—8自然段也有这种故事情节。细细读一读，找找相关的词句体会体会吧！

说话之间，孟姜女就被带到了大殿上。秦始皇一见，大吃一惊。哎哟，这是哪里的仙女下凡了吧？我那后宫之中哪有像她这样美貌的！这时，秦始皇的杀人之心早变成了欢喜之情。他对孟姜女说："小女子，你是哪里的，姓甚名谁，为啥哭倒边墙？快快讲来！"孟姜女一见这个罪魁祸首，就狠狠地说："俺家住雍丘县城南十里许家庄。爹姓许，娘姓孟，干娘姓姜，我就叫许孟姜。我的丈夫范杞梁，被你逼来修边墙，累死了。"一边说着，一边又痛哭起来。

秦始皇说："起来吧，别哭啦，我赐你无罪。快快埋罢范杞梁，给我做妃子，荣华富贵尽你享！"

孟姜女心想：我恨不得咬你几口才解恨，谁肯给你做妃子！不过，当着秦始皇的面，孟姜女的心里早拿定了主意。当时她就说："要我做妃子也不难，必须依我三桩大事才行！"秦始皇一听，见她松了口，心里美滋滋的，毫不在意地说："说吧，莫说三桩，就是千桩我也可以答应你！"

孟姜女说"要用玉石棺材盛我丈夫的尸骨，埋到风水宝地九龙口，不能葬在黄沙岗！"秦始皇点了点头说，"这好讲！"

"第二桩，文武百官披麻戴重孝，你也得跟着灵柩拄哀杖！"秦始皇听了，瞪起眼睛为难了好半天，心想，俗话说"强扭的瓜不甜"，还是硬着头皮答应下："拄哀杖也无妨！"

"第三桩，还要在江边，用绫罗绸缎给我缚一架彩秋，让我打秋解愁肠。"当时，秦始皇都一一答应了。

安葬范杞梁的日子到了，真是玉石棺材盛尸骨，朝廷皇帝拄哀杖，文武百官披麻戴孝。孟姜女的两桩心愿都实现了，眼看彩秋也缚好了。孟姜女趁着好晴天，来到江边上。她抬头看看天，低头看看地，又静静地望了一会儿江水。随后，她登上彩秋，用尽平生力气往上荡。第一次荡起来，先望望千里以外的爹娘；第二次荡起来，再望望生她养她的故乡许家庄；孟姜女第三次荡起来以后，两手一松，就跳进了江中央。

主旨解析

　　《孟姜女哭长城》是中国有名的神话故事。这个故事发生在很久很久以前。相传秦朝时，秦始皇征发八十万民工修筑万里长城，孟姜女的丈夫就被迫出发修建长城，劳役繁重，不久后他因为饥寒和劳累而死，尸骨被埋在长城墙下。孟姜女得到丈夫死亡的噩耗，在长城上哭了三天三夜，忽然长城就此坍塌。

　　在这篇神话故事中，除了凄美的爱情故事让我们感动以外，光怪陆离、神秘莫测的故事情节也深深吸引着我们。孟姜女在去长城的路上边走边哭，不知不觉竟走到了云彩上，这简直是我们在现实生活中所无法想象的。到达长城听到丈夫已死的消息，孟姜女哭了第一声，长城上的砖瓦乱往下落；孟姜女哭了第二声，整个长城都乱摇晃；孟姜女哭了第三声，只听"哗啦啦"一声，城墙塌了几十丈。孟姜女哭着，城墙塌着，哭得悲痛，就塌得越快、塌得越多，顷刻之间，竟哭塌了几百里。这种光怪陆离、神秘莫测的故事情节大概也只有在神话故事中才能看到了。

表现手法

　　马克思说过，任何神话都是用想象和借助想象以征服自然，把自然加以形象化。由于古代的人们无法用科学去解释世界和自然现象，只能借助自己的想象和幻想将客观世界拟人化，因此原始劳动者的愿望和世界万物的生长变化都蒙上了一层神奇的色彩。

　　神话故事中的想象大胆、夸张、无拘无束，这就使得故事情节光怪陆离、神秘莫测，充满神奇、梦幻的色彩，神话故事才更具有了非凡的吸引力。

在中国古代神话故事中，这样的情节比比皆是。如在《五岳的由来》中，一个雪白的大头冰兽在空中飞来飞去，它哈气成冰，能冻住过往的飞禽走兽。天将一念咒语，大头冰兽的头顷刻之间就被吸得又细又长，缓缓进入大葫芦。在《七仙女与天池》中，七仙女用木勺舀起天池水浇到山上，山崖上马上就有了瀑布，松花树落到水面上，就变成了松花江。仙女们舀水继续泼，水流畅通无阻，就能流到大海里。在《海上仙山》中，海龟们轮流背负仙山，仙山就能不再向北漂流，神仙们过上了无忧无虑的日子。文中还写到龙伯国的人个个高大无比，即使站在海里，还能露出半个身子。盘古用"神斧"开辟了天地，女娲用五彩石补天，后羿用"神箭"射日……不但如此，神还拥有了"神力"：后羿能射日，而且一连射下九个太阳；张果老骑驴过大桥，大桥竟然倒了；风伯雨师能够呼风唤雨；夸父倒下后，化生出了桃林；女孩溺水，变成了精卫鸟……

这些神奇的故事，当然只是我国古代人民的一种大胆的幻想。它源于人们在特定自然条件下，人们所看到的自然现象。这些有趣的故事，也正是当时人类关于自然科学知识的一点萌芽。从这些光怪陆离、神秘莫测的故事情节中，我们能够感受到这些神话人物的光辉事迹，他们或勇敢、或正义、或正直、或勤勉，无不向我们展示着神话故事积极向善的一面，启迪着世人向善向美。正是由于这些神话故事有着光怪陆离、神秘莫测的情节，儿童才能被神话故事展现的一个个五光十色、千姿百态的世界所吸引，在神奇的故事情节中体会人物的善与恶、真与假、虚与实，才能站在巨人的肩膀上，插上想象的翅膀，在头脑中再造出一帧帧神奇的画面，甚至产生更为神奇的想法。

拓展阅读

颛顼隔断天地通路

少昊有个侄儿名叫颛顼，他也是位赫赫有名的大神。盘古开天辟地以来，虽然天地之间距离遥远，但地上的人们还是可以沿着天梯登天，天上的天神也可以由天梯下到人间，人和神之间还有交流。后来蚩尤沿着天梯偷偷来到人间，蛊惑九黎部落发动叛乱，对其他部落进行迫害，为祸人间。黄帝率领部队，与蚩尤展开了一场大战。双方都得到了各路神仙的帮助，不过最终黄帝战胜了蚩尤。可是黄帝也因此元气大伤，损失惨重，对处理政事产生厌倦。颛顼是黄帝的曾孙，聪明能干，很受人尊敬，黄帝于是就把皇权交予颛顼，自己云游天下去了。

颛顼刚一登上天帝的宝座，就表现出统治天下的高强本领，他目睹了蚩尤变乱，决定把天地之间的通路隔断。在此之前，虽然天和地是分开的，但距离比较近，并且可以通过多处天梯相通。为了防止像蚩尤这样的人下到人间煽动作乱，他想把天地之间的距离拉开，以便人不能上天，神也不能随便到凡间。他命令重、黎两位天神一个把天托起来，使劲往上推；一个把地按住，努力朝下压。

> 同学们，人类竟然可以通过天梯登天，这太不可思议了吧！

这样一来，天升上去，地降下来，颛顼隔断天地通路，天地之间的距离就变得格外遥远了，以前可以当作天梯的高山和参天大树都不再起作用了。

天地分开之后，颛顼命令天神重专门管理天，命令天神黎专门管理地。黎后来有一个儿子叫作噎，他协助父亲管理日月星辰的运行顺序。颛也因此被尊为"时间之神"。隔断天地之间的路之后，天上的神仙偶尔还可以通过法力下凡，但地上的人却再也没有办法上天了，人与神的距离一下子变得很远。神高高在天上接受人间的祭祀，而人类的疾苦和灾难却很难上达天庭。

> 你从哪里感受到了故事情节的神秘莫测？用横线画出来，读一读吧！

阅读思考

1. 《颛顼隔断天地通路》这篇神话中，你对哪个情节最感兴趣？
2. 你觉得颛顼隔断天地通路是好是坏？为什么？

神话推荐

《龙狗娶公主》《禹赶走水神共工》《少昊建立百鸟国》《伏羲兄妹爬天梯》

在课外阅读中，我发现（　　　　）的故事情节也非常神秘莫测，我要多读一读，好好体会。

5 弘扬民族正气

中国古代神话是远古人类借助想象以表现自然和社会生活为内容的故事，反映了原始人类特有的意识形态。它通过幻想的形式，反映了那个时代人类的生活和理想。而弘扬民族正气，正是其中所要表达的一点。在中国上古神话中，许多著名的大神具有始祖神的身份，他们民族始祖神的身份也决定了他们作为大神的责任与义务。

文本课例

神农尝百草

上古时期，五谷和杂草长在一起，药物和百花开在一处，哪些是可以吃的粮食、哪些是能够治病的草药，谁也分不清。老百姓都是靠打猎或采集过日子，受了伤、生了病根本无法救治，只能听天由命。

部落首领神农氏看在眼里，痛在心头。他决定亲自品尝百草，找出其中的药物。于是，神农氏带领几个臣民从家乡历山出发，向西北走去。四十九天后，他们来到一座高山下。只见这座山直插云霄，四面都是陡峭的悬崖。神农氏带着臣民们砍树木、割藤条，靠着山崖搭成架子，然后顺着架子爬上山顶。见漫山遍野都是花草，神农氏高兴极了。他叫臣民们防备着狼虫虎豹，自己亲自去采摘花草。就这样，白天他领着臣民到山上尝百草。晚上，他又叫人生起篝火，借着火光把白天尝过的花草详细记录下来。哪些苦、哪些热、哪些凉、哪些能充饥、哪些能医病，都写的清清楚楚。

> 从险峻的环境中可见他执着、奉献、不畏艰难的精神。

尝百草是件十分危险的事，由于不知道采的草药是否有毒，神农氏曾经多次中毒。有一次，他刚把一棵草放到嘴里，便觉得天旋地转，一头栽倒在地。臣民们慌忙扶他坐起来。这时候，神农氏已经不能说话了，他用最后一点力气，指了指面前的一棵灵芝，又指了指自己的嘴巴。臣民们赶忙把那棵灵芝喂到他嘴里。神农氏吃了灵芝，不一会儿毒就解了。从此，人们都说灵芝能起死回生。

臣民们觉得他这样做太危险了，都劝他回去。他摇摇头说："黎民百姓饿了没吃的，病了没药医，我怎么能回去呢！"说完，他又接着尝起来。就这样，神农氏尝完一山花草，又到另一山去尝，一直尝了七七四十九天，终于踏遍了所有的高山，找出三百六十五种草药，救治了无数人的性命。

> 以身试毒，凸显了神农氏舍己为人的无私奉献精神。

转眼很多年过去了，神农氏渐渐老了。某天，天空中飞来一群白鹤，把他接到了天庭。

主旨解析

"神农尝百草，一日而遇七十毒"，简单一句话，形象地道出了神农尝百草的艰辛。可是，无论面对什么样的艰难困苦，他始终没有退缩。他的身上，体现出百折不挠、自强不息的顽强意志，甘为他人、不计回报的奉献精神。这种意志和精神，正是中华民族的精魂所在，也是值得我们传承的精神瑰宝。

表现手法

中华民族有许许多多的传统美德，为人类的文明传承起到了积极的作用。"讲正气"是其中的一种，而基于幻想的中国古代神话故事，正是中华民族精神的体现。弘扬民族正气，增强历史责任感，无论是古代还是现代，这种情感都是民族凝聚力的核心。阅读中国古代神话故事，重温中华民族精神，既可以领略祖先的聪明才智，又可以了解历史文化遗产。在内容上，我们可以看到中国古代神话故事里的很多英雄人物，或为人类的生存做出贡献，或以一己之力惩奸除恶。从中我们能感受到他们的奉献精神。

1. 古代神话中蕴含的民族精神

勇于抗争，用自己的智慧和力量改变命运，是自古以来传承下来的民族精神。

神话是人类童年的梦。远古时代，先民生存环境恶劣，认知能力低下，需要大自然的恩赐、群体首领的护佑才得以生存。于是，先民将日月山川、动植物等自然万物和部族首领、英雄神化，经过几千年人们的口耳相传，这些神话故事及其体现的精神便深深地融化在中华民族的血液中，成为一种"精神图腾"和精神寄托。中国古代神话蕴含着丰富的民族精神，是中华民族生生不息、发展壮大的丰富滋养。而这种民族精神，也让神话故事得到了升华。

2. 古代神话中蕴含的奋斗精神

很多神话故事中，蕴含着中华民族伟大的奋斗精神。

神农氏勇尝百草、以身试毒，因此又被尊为"药王神"。愚公移山，讲述了愚公不畏艰难、坚持不懈的精神。这些神话故事集中体现了中华民族伟大的奋斗精神。正是这种伟大的奋斗精神，激励着我们自强不息、不断地向前进步，才有了现在这大好河山、这万顷海疆、这多姿多彩的生活。正如夸父逐日坚持不懈，中华民族依靠伟大的奋斗精神，创造了无数人间奇迹。

3. 古代神话中蕴含的团结精神

作为中华儿女，对人文始祖地位的共同认同，蕴含着伟大的团结精神。

众多的神话人物，如黄帝、颛顼、帝喾、尧、舜五帝便得到了广泛认同。五帝系统的定型完成了神话的历史化，奠定了黄帝"人文初祖"的地位，构建了以黄帝为核心的中国神话的主流框架，奠定了民族发展的根基。成为民族团结统一的精神标识。中华民族始终以团结统一的形象屹立于世界的东方，守望相助、携手前行。

4. 古代神话中蕴含的伟大梦想精神

诸多中国古代神话故事中，如盘古开天、女娲补天、嫦娥奔月、夸父追日、愚公移山等，充分彰显了中国人民伟大的梦想精神。夸父追日的神话、女娲补天的奇思、嫦娥奔月的传说、敦煌飞天的舞姿……遥望广阔无垠的宇宙，中国人民早就有飞天的梦想。伟大事业都始于伟大梦想。中华民族是勇于追梦的民族，有梦想就有希望，有梦想就有力量。无论前进道路上遇到什么样的困难、面临什么样的考验，我们都要以坚韧不拔的毅力，去实现伟大梦想。

中国古代故事中的民族精神，使故事更有层次，提高了神话人物在人们心目中的地位，对我们有一定的教育意义。

拓展阅读

李冰擒蛟龙

秦惠文王在灭蜀之后不久便去世了，传位给秦武王。秦武王不久也去世了，秦昭襄王即位。秦昭襄王听说蜀地经常发大水，于是便任命很有治水才能的李冰到蜀郡去担任郡守，主持治理那里的水患。李冰在任期间，在岷江流域兴建了许多水利工程，不但平息了连年的水患，还造福了后人，所以当地百姓创作了许多神话来歌颂他。

李冰被秦始皇派去四川做郡守，他勤政爱民，兴修水利，可有一条蛟龙常常捣乱，兴风作浪，危害百姓。李冰一心想要为民除害。有一天晚上，李冰做了一个梦，梦见一个白胡子老头给了他一本仙书。李冰梦醒，立刻开始认真学习。不久后的一天，李冰变化成一头水牛，下到水中，跟蛟龙大战了一百回合，可不是那蛟龙的对手，李冰只好上岸。第二天，他挑了一千名勇敢的兵卒，都拿着弯弓铁箭，李冰对他们说："等下我变成牛下水，吸引蛟龙，你们放箭射杀蛟龙。"说完，

> 仔细想一想，这一自然段凸显了李冰（　　）的精神？

李冰大喝一声下了水，顷刻之间，风雨大作，雷声四起。士兵们看到江面上有一牛一蛟正在拼斗，便举起箭一齐射向蛟龙。蛟龙中箭受伤，不一会儿就被李冰杀死了。可李冰担心洪水泛滥祸及后代子孙，于是他利用仙书中的法术，利用十年时间，建造了都江堰。都江堰建成的那一天，李冰冉冉升天，成了神仙。而都江堰果然泽被后世，至今还在发挥作用呢。

夸父逐日

远古时期，在北方的荒野中，有一座高耸入云的大山。在山林深处，生活着一群巨人。他们的首领叫夸父，因此，这个部落也被称为"夸父族"。夸父族人勤劳勇敢，过着与世无争的日子。

那时候，大地上十分荒凉，毒蛇猛兽横行，人们生活凄苦。有一年，天气非常热，火辣辣的太阳直射在大地上，庄稼被烤死，树木被晒焦，河流也都干枯了。许多人都在这种酷暑中死去了。

看到这种情景，夸父非常难过，他发誓要捉住太阳，让它听从人们的吩咐。第二天，太阳刚刚从海上升起，夸父便告别族人，向着太阳升起的方向，迈开大步，开始了他逐日的征程。

太阳在空中飞快地移动，夸父在地上拼命地追赶。他翻过一座座大山，跨过一条条河流，大地被他的脚步声震得轰轰作响。跑累的时候，夸父就微微打个盹；渴了的时候，

> 通过对夸父（　　）的描写，你体会到夸父的（　　）和（　　）。

就捧几捧水润润干渴的喉咙。就这样，夸父一直追着太阳奔跑，眼看离太阳越来越近，他的信心也越来越强。终于，经过了八十一天，夸父在禺谷赶上了太阳，可就在他伸手要捉住太阳的时候，由于过

度激动,再加上心力交瘁,夸父晕了过去。等他醒来时,太阳早已不见了。但是,夸父并没有气馁,他一直鼓励着自己:一定要继续追下去,只要追上它,人们的生活就会幸福了。

阅读思考

1. 《李冰擒蛟龙》《夸父逐日》两篇神话故事中,你对哪个情节最感兴趣呢?
2. 如果只保留你感兴趣的这一个情节,其他情节全部删掉,行不行呢?
3. 这些弘扬民族正气、发扬民族精神的情节去掉行不行呢?

神话推荐

《海上女神》《鲁班造桥》《哪吒闹海》《韩湘子智惩昏皇帝》《沉香劈山救母》

在课外阅读中,我发现(　　　　)也出现了弘扬民族正气的情节,我要多读一读,好好体会。

6 浪漫主义与现实主义相结合

　　浪漫主义的创作方法侧重于表现理想世界，往往不加掩饰地突出作家的主观情绪，把情感和想象提到创作的首位。其作品情节曲折离奇，结构奇特，格调高昂，常用热情奔放的语言、超越现实的现象和夸张的手法塑造理想中的形象、环境和人物强有力的性格。而现实主义则偏重对人和人所在的环境做真实的描写，按照生活的本来样式精确、细腻地再现社会生活中形形色色的人和物，并且力求真实地再现典型环境中的典型人物。在神话阅读中，你可以发现这两者的结合会带来不一样的感受。

文本课例

寿星彭祖

天帝颛顼子孙众多,其中有一个以长寿著称于世的,就是彭祖。

彭祖是颛顼的玄孙。传说彭祖活了八百多年,从尧舜时代一直活到了周朝初年。关于他长寿的原因,众说纷纭,莫衷一是。

有人说,他长寿是因为经常服用一种叫桂芝的药物;有人说,他之所以能长寿,是因为善于做一种深呼吸的运动;还有人说,彭祖长寿,是因为他擅长熬制一种美味的野鸡汤,他把这种野鸡汤献给天帝,天帝品尝后觉得十分美味,心里很高兴,就赐给了彭祖八百多年的寿命。人们拿这些猜测去问彭祖,彭祖都不置可否。

> 各种神乎其神的猜测,使彭祖长寿的原因显得更加扑朔迷离。

彭祖的态度更激起了大家的好奇心,但世世代代没有人知道彭祖长寿的秘诀。

据说在商朝末年,彭祖已经活了七百六十七岁,但看上去依然很年轻。商王非常羡慕彭祖的长寿,就派一名仕女坐着七彩车辇去彭祖那里请教延年益寿的方法。

彭祖说:"延年益寿的方法可能有吧,但我孤陋寡闻,见识浅薄,说不清楚啊!比如说我吧,还没出生,我父亲就去世了,母亲把我养到三岁,也随父亲去了。我成了孤儿,后来又遇上战乱,流离失所,辗转到西域,在那里度过了一百多年。在我的生命中,总共娶了四十九个妻子,夭折了五十四个儿子,我经历的忧患磨难是普通人一生中的数倍,甚至数十倍,精神上遭受重

> 再次与彭祖的相遇,反映出当时的人们追求长寿的心理。

创。再加上我小的时候，身体不太结实，之后又没有得到很好的调养，你看看我干瘦的身体，估计我不久就要离开人世了，又哪里说得出什么延年益寿的方法呢？"说罢，彭祖就叹息了一声，飘然而行，不知去了哪里。

又过了七十多年，听说有人在流沙国西部的边境上，又看见了彭祖，他骑着一匹骆驼，独自慢慢地走着……

主旨解析

彭祖正是人们用想象创造的神话形象，用幻想把想长寿的愿望折射了出来。世人都热切祈求自己"寿比南山不老松"，而活了数百年的彭祖却坦言自己长寿所经历的痛苦。神话故事或许有很多夸张的成分，却有很多现实意义，其中蕴含着非凡的生命智慧：有时候我们不必过于追求生命的长短，生命在于争分夺秒地奋进，而不是麻木地度过年岁。如果一生浑浑噩噩，活上一万年又有什么意义？如果活得精彩纷呈，哪怕短短几十载也不枉此生。

表现手法

浪漫主义多运用夸张手法，与神话故事中的夸张不谋而合，但很难用科学的方法去分析浪漫主义的现象。我们可以说它是虚构的、幻想的，正符合神话故事中的故事情节。中国古代人民以新颖、奇特、夸张甚至不可思议的想象的浪漫主义手法创造出神话，塑造理想中的形象、环境和强有力的性格，来表现他们对自然界的理解、抗争和对提高人类自身能力的渴望。而在这些幻想、夸张中，又不乏真实的对人和人的环境所作的描写，隐藏着对社会现象、社会现实的描述以及自己理想的寄托。这些则属于现实主义的创作方法。在神话阅读中，你可以发现这两者的结合会带来不一样的感受。

1. 用想象创造神话形象

在对神话形象的创造上,基本方法是想象,即用想象赋予神话形象以奇妙的性格和怪异的形体。古代人民渴望认识和驾驭世界,创造美好的生活,却受限于当时的条件,力不从心。因此,他们在创造神话时,不能如实地描述现实,只能运用幻想把现实折射出来,使通过想象的形貌和被神化了的人性或兽性成了智慧和力量的象征。于是,展现在古代神话中的世界万物,基本上是古代人民在主观的想象力所幻化出来的样子。如果我们仔细考察一下就会发现,神灵的神性,有些是无限扩大了的人的才能的幻化,有些则是动物特征的借用和放大,采用拟人方法赋予它们人类的某些特征。

2. 用夸张凸显成就

古代人民的斗争,给神话的夸张提供了雄厚的基础。这种夸张突出地表现在开天辟地之类的神话中。例如形容物长:有如灵山之蛇,长九万里;描绘旱灾之烈,"十日并出";描绘水灾之广,"洪水滔天"等。从中我们不仅能看到古代人民夸张的大胆,也会发现,古代神话的夸张多是侧重于一个方面。所以,它的夸张有其简约的一面。

3. 以浓烈的情感塑造具有英雄气概的人物

古代神话的基本情调是宏伟大气的,因为故事中的主人公集中了古代人民的才能、品德、愿望、理想,所以多为正面形象,是气贯天地的英雄。例如后羿,他表现的理想充满了对未来的憧憬,并以这种理想来反抗不合理的现实。而"女娲造人"的想象是大胆的,却又是真实而合情合理的。作者赋予她人的心理、情感和生活体验,使故事内容既显"神威",又合情合理。

总之,神话是由人们的想象创造出来的,但这种想象以现实生活为基础，表现出我们的祖先积极向上的态度及内心强烈的愿望。

拓展阅读

后稷的故事

姜嫄是西方有邰氏的姑娘，后来嫁给了高辛氏为妃。有一天，姜嫄去郊野拜神，在湖边发现了一个大脚印。她觉得很好玩，便用脚踩进去。她刚一踏进去，忽然感觉心里一动。回来不久，她就怀了孕。她起初很高兴，哪知到时候却生下了一个肉球。

她很害怕，让人偷偷把肉球丢到小巷子里。丢肉球的人回来说，肉球丢在路上，路过的牛羊都小心翼翼地绕着走，好像生怕踩伤了它。姜嫄听了半信半疑，又让人丢到山林里去。不久，那人却捧着肉球回来说，正要丢的时候，山林里来了许多人。姜嫄又让人把肉球扔到郊外的湖里。谁知肉球刚被抛下水，霎时彤云密布，寒风凛冽，湖面一下子都结了冰。因此那肉球没有沉下去。忽然，一只大鸟从天边飞来，围着寒冰上的肉球回翔悲鸣。它最终落在肉球旁边，用一只翅膀盖在肉球上面，另一只翅膀垫在肉球下面，恰像母亲抱孩子一样。那人看了，惊奇不已，就踏着坚硬的冰层到湖心去看个究竟。

> 从这一自然段你能感受到那时候人们的（　　）愿望。

大鸟见有人走来，怪叫一声，丢开肉球飞走了。接着，一阵婴儿的哭声从肉球里传了出来。那人走近一看，肉球已像蛋壳般裂开，里面躺着一个婴儿。那人又惊又喜，赶紧用衣裳包裹着婴儿，把婴儿带给姜嫄。姜嫄得到这个婴儿，喜出望外。因为这个婴儿曾经被抛弃过，姜嫄就给他取名为"弃"。

弃从小就有远大的志向。他做游戏，总喜欢把野生的麦子、谷子、大豆、高粱以及各种瓜果的种子收集起来，种到地里。后来植物成熟了，跟野生的比起来，显得更肥大、更香甜。弃长大后，用木头和石块制造了简单的农具，教人们耕田种地。后来，尧帝在位时，弃担任国家的农师，专门负责研究农艺的革新，教百姓耕种。他的工作做得很不错，百姓生活稳定。因此，人们尊称他为"后稷"。

后来后稷成为周的始祖。他死后，人们为了纪念他，把他埋葬在都广之野。那里山环水绕、鸾歌凤舞、百兽群聚，一片勃勃生机。

"百鸟之王"少昊

少昊以金德称王，是西方天帝。关于他的诞生，有个美丽的故事。

少昊的母亲皇娥和一个自称白帝儿子的少年渐生情愫，后来结为夫妻。他们生了一个儿子，就是少昊，也叫"穷桑氏"或"桑丘氏"。

少昊长大后，建立了鸟的王国。他任用凤凰总管历法，燕子负责春分秋分，伯劳掌管冬至夏至，麻雀管新年，锦鸡管除夕。另外，少昊还用五种鸟管理国家日常事务：鹁鸪孝顺，负责教育；鸷鸟性情猛悍，掌管军事；布谷鸟心性沉稳，负责建筑；鹰鸟威严，铁面无私，掌管法律和刑罚；鹘鸠这种小山雀，活泼好动，管修缮等杂活。少昊还用五种野鸡分别管理金工、木工、陶工、皮工、染工五种工程；还用九种扈鸟，掌管农业上的耕种和收获。

这个鸟的王国开会的时候太有趣了，一片莺歌燕语，五彩鸟毛乱飞。再看那个"百鸟之王"少昊，哈，竟然是一只凶猛的鸷鸟！难怪他要建立鸟的王国，原来是为了统领他的族类啊！

> 这一自然段展现了人类社会的（　　）和（　　）。

阅读思考

1. 《后稷的故事》《"百鸟之王"少昊》两篇神话故事中,你对哪个情节最感兴趣?
2. 你感兴趣的这一故事情节,在文章中有什么样的作用?
3. 这样的故事会对我们的生活产生什么样的影响?

神话推荐

《五岳的由来》《颛顼的孩子们》《湘妃竹的由来》《崇人抛鼎寻找不死药》《烛龙圣神》

在课外阅读中,我发现(　　　　)也是用想象来反映现实生活的,我要多读一读,好好体会。

动物小说阅读

1 预测故事情节

预测，顾名思义，就是我们在阅读的过程中，根据自己看到的文本中的知识以及自己的生活经验，推测故事的发展情节和故事中人物的命运。其实，我们每个人在阅读的过程中都会想象，进行自主假设，并且通过寻找文章中的信息验证自己的假设。如此，不停地假设验证，不断地推进阅读。如赵镜中先生所说，在阅读的过程中，预测不是无根据的猜测，而是需要线索的。根据后续的阅读，学生要看到自己的假设是否合理、是否正确，然后形成新的感受，推动深度阅读。预测不是单方面的假设，而是要不断地自我检验，在整个过程中呈现阶梯式上升。只有这样，我们在阅读的时候才能提升阅读的档次。在阅读的过程中，不仅读者的自主性非常重要，而且要能够合理地运用理解的策略。只有具备了这两者，才能够推动阅读的进行。其实，读者的自主性以及合理的策略是相辅相成的。在阅读的过程中，只有使用恰当的策略才能帮助读者了解文章的大意、提升阅读的自主性。而其中，预测就是非常有效的一个途径。

文本课例

野性的呼唤（节选）

在这些日子里，狗群几乎整天无事可做，只是偶尔陪桑顿去打猎，然后把猎物拖回来而已。于是，布克大部分时间都在火堆旁度过。

每当布克舒服地趴在火堆旁，就会陷入无边的遐想。

它漫游在另一个世界里，听见从遥远的地方传来一声声的呼唤叫。那声音似乎一直在召唤它，这让它感到非常恐惧，但又有一种说不清的甜蜜感，挑拨在它心中潜伏已久的那股野性的躁动。

> 在第3自然段中，作者对这声遥远的呼唤进行了叙述，这声音对布克来说有什么意义？

布克经常不由自主地随着呼声跑进森林里去。有时候，它把鼻子贴近冰凉的苔藓上或茂盛的草丛里，愉快地嗅着肥沃泥土的气息。有时候，它则像个猎人注视猎物般，悄悄地伏卧在菌类覆盖或倒在地上的树木后面，连续好几个小时，一动不动地观察着周围的动静，它想吓唬一下那个不可思议的呼唤。至于它为什么一定要这样做，它自己也并不十分明白，它只觉得有一种无法抗拒的力量在驱使着它，它就这样一次又一次地做出连自己都无法理解的举动来。

白天，在明媚的阳光下，布克总是懒洋洋地躺在地上打盹。但有时，布克会猛然抬起头来，竖起耳朵，专注地倾听，然后一跃而起，迈开步伐飞也似的奔跑。它穿过树林边的小路，越过草木丛生的原野，不知疲倦地、不停地跑，一跑就是好几个小时。

它喜欢顺着长长的河流，在岸边畅快地奔驰，也喜欢悄悄地潜进树林子里去袭击小鸟。有时候，它什么也不做，一整天静静地躺在树丛里，观察树林里一群群的野鸡欢快地跳来跳去。

布克最喜欢的是，在夏夜明朗的月光下，一边奔跑，一边倾听来自森林里的每一个声音，似梦中的呓语，又像嘈杂的喧闹。它四处寻找那神秘的呼唤。

一天夜里，布克突然从睡梦中惊醒，它的眼睛里喷发出渴望的光芒，鼻翼不停地翕动，全身的毛都竖立起来。

那从森林里传来的呼唤声，从来没有那么清晰过！那是一种拉长的嚎叫，有点像爱斯基摩犬的嗥声，但是，细细一听又似乎不像。于是它穿过宁静的营地，迅速淹没在森林里。

布克谨慎地穿过树林后，放慢脚步，悄悄地接近那越来越近的呼唤，最后它来到丛林中间的一片空地上，发现一匹体型瘦长的野狼，正挺直着腰，蹲坐在那儿，向着天空嗥叫。

尽管布克非常小心地没有弄出一点声音，但是，那匹野狼还是觉察到附近有新的动静，而停止了嗥叫，并竖起耳朵四处张望，试图证实自己的感觉。布克把身体紧缩成一团，尾巴挺得直直的，带着既威胁又求和的复杂神情，走向那匹野狼。

……

那队入侵的狼群渐渐走过来，也发现了布克，然而它如此沉稳高大，令它们望而生畏，因此，双方僵持了好一阵子。

后来，狼群中一匹最勇猛的狼，一跃而起，径直扑向布克。

面对它突如其来的攻击，布克犹如闪电般回击，一下子就撕破了对方的脖子。然后它马上又回复到原地，站着纹丝不动。

那匹受了伤的狼痛得在地上直打滚。接着，又有三匹狼接二连三地试着从不同角度进攻，可是一个个先后都被击退了。

这在狼群中立即引起了非常大的震撼，于是它们愤怒地一拥而上，急切地想打倒敌人。可是你攻我上的，反而互相妨碍了队友的进攻。

布克用后腿支起身体迅速而敏捷地旋转着，形成无数的幻影，一面扑跳一面撕咬。

为了防止它们从背后袭击自己，布克只得一边防守，一边往后倒退，一直退到河谷中。后来，它在一堵堆得高高的砂石堤岸前面停了下来。

布克瞅准堤岸上一个呈直角形的角落，便迅速退到那里负隅顽抗，这使它面对战斗时，就有了三面的屏障。它不必再考虑左右两边和来自后面的袭击，只要对付正面就可以了。

它充分利用有利地势，时而攻击，时而防守，应付自如，不消半个钟头，那群狼便被击退了。

狼群中有的把舌头吊垂得长长的，有的把耳朵竖直起来，躺在地上胸脯起伏不断；有的站得远一些，静静地注视着布克；还有的如饥似渴地喝着潭里的水。

经过一阵沉默之后，一匹瘦长、身上长着灰毛的狼，态度和善地缓缓向布克走来。

一见到它，布克立即认出来，它就是上次跟它一起奔跑了一天一夜的狼。

那条狼轻轻地发出呜呜的哀鸣，于是布克也跟着哀诉着回应。一会儿，它们便互相碰起了鼻子。

就在它们沉浸在相逢的喜悦时，一匹疤痕累累的老狼走上前来。布克看到它，立即咆哮一声，并摆出作战的姿态。

可是，那匹老狼并没有袭击它的意思，反而也亲热地和它嗅起了鼻子。

随后，那匹老狼蹲坐了下来，高高地抬起它的头，向着天空发出了悠长的狼嗥，其他的狼也跟着坐下来，发出长嗥来附和着。

> 同学们，你们发现了吗？读到这里，我们刚刚产生的预测都得到了解答。

此时，布克终于清清楚楚地听到了来自荒野的神秘的呼唤。它既感动又兴奋，因此也坐下来开始嗥叫。

后来它站起来，那群曾经被它击败的狼立刻上前围上来，用半友善半野蛮的态度和它嗅闻鼻子。

主旨解析

《野性的呼唤》小说的题目本来就很吸引人，让人浮想连翩。根据文本中的提供的线索，可以大胆地展开预测，对下文产生更大的好奇心，并且通过寻找文章中的信息验证自己的假设。这样不停地假设验证，不断地推进阅读。

表现手法

动物小说是一种独特的艺术体裁，它以动物为主要描写对象，通过对动物世界中生活万象的形象描绘，寻觅大自然的奥秘与情趣。动物小说，不论是短篇、中篇，或者长篇，故事的情节都很曲折，从一开始看似平静的气氛营造，到进入故事核心时的高潮起伏，再到最后故事的尾声，似乎不让读者有喘息的机会。因此，可以引导学生去预测故事的情节，让学生在阅读过程中借助已读过的内容对接下来将发生的事情、事情发展的结局、人物命运、文章观点等方面进行自主假设，并通过阅读后面的内容来加以印证和肯定。从而加深对故事情节的理解。

1. 联系现有的线索，预测故事的情节

每个作者的写作功力往往凝聚于所写文章的题目，也是整篇文章中的中心点。一个优质的标题能够如磁铁一般吸引读者，进而激发读者对文章的阅读兴趣。而插画，则是以另一种形式对故事进行描绘。作者与绘画者往往会在文章的题目与插画中留下文章的线索，使读者能够抓住题目与插画提供的线索对文章进行预测。学生可随着阅读内容的推进，再结合自身日常生活经验与所掌握的相关知识对小说进行广泛的预测，如对小说情节、结局、文中出现人物的命运、作者观点等进行自主、大胆的假设，而后进行验证。

2. 要有依据地进行预测

预测的策略在小说中的应用要讲究具体的方法。在预测中，要讲究预测的依据。通常情况下，预测的依据一般是文章本身的线索、个人的生活经验和社会实践以及之前对于小说阅读的习惯的总结等。小说预测，不是没有目的地乱猜，而是要根据一定的线索对课文进行剖析，从而进行合理的预测。例如，在三年级语文阅读教学《总也倒不了的老屋》中，我们通过学习总结出，预测的依据要建立在文本的基础上，从而结合生活的经验和常识进行合理的判断，实现预测结果的准确性。在实际的预测中，当与实际发生不一致的情况时，要根据判断，适时进行思路的调整，从而加强对文章内容的学习和掌握。

预测故事情节的价值主要有三点。一是带来阅读乐趣。运用这样的阅读策略，既切合学生的阅读心理，又符合他们的阅读期待，易激发学生的阅读兴趣。二是引发阅读思考。学生带着问题读故事，带着思考去预测故事的发展，随着故事的深入，还会修正自己的看法。三是培养创作思维。每一次预测，都是一次创作；每一次修正，都是与作者的行文思路进行碰撞。在一次次的预测、修正中，创作思维必然得到飞速发展。

总之，阅读的目的不是收集、整理信息，而是要对这些信息进行理解和重建。阅读的策略从预测开始，还将经历"提问""阅读与速度""有目的地阅读"等过程，层层递进。只有激活学生的阅读思维，引导学生感悟文本价值，在反复训练中习得阅读、思考的方法，能读懂、分析、把握文本内容，丰富文本阅读的经验，才能提升阅读能力。

拓展阅读

<h2 style="text-align:center">列那狐的故事（节选）</h2>

列那狐动身到遥远的地方去游历。想躲开伊桑格兰的报复，多少是他这次出门的动机，而且艾莫丽娜夫人也竭力劝她的丈夫这样做。

天气晴朗，列那狐在路上愉快地跑着。中午时分，他用几只小鸡充饥——这些小鸡是跟他们粗心大意的妈妈在林中空地上散步时被列那狐捕获的，又在一个小泉里喝了几口清凉的水，然后继续赶路。

他想去拜访他的一个表兄，他住在一位富裕的王爷的大庄园附近。那位王爷酷爱打猎，因而是个可怕的邻居。

可是，庄园的饲养场里有那么多的鸡鸭，另外，要是稍用一点手腕，还能在城堡的地窖里弄到一大批食物。因此，列那狐的表兄认为，即使担点风险，住在那里也还是值得的。

况且他行动谨慎，又摸透了这位猎人的脾气，所以危险也不是很大。

列那狐希望，如果不同这位猎人打交道，至少也该和他的那群家禽以及装满整个食橱的那些美味的火腿发生些关系。这些东西使这个庄园成了一个天堂，一个类似他向伊桑格兰吹嘘过的天堂。

他边跑边转着这样的念头，心里感到乐滋滋的。

不一会儿，他走进了一座郁郁葱葱的森林。看到表兄占有那么美好的地盘，他心里很羡慕。跟这里相比，茂柏渡的环境太差了！列那狐在那里出神，幻想着把自己的家迁到这里来。

忽然，离他很近的地方响起一阵打猎的喧嚣声——猎犬的狂吠、猎人的喊叫和急促的马蹄声。这对列那狐来说意味着灾难即将来临。

他没有预料到这场狩猎，又不熟悉这里的地形，所以感到性命难保了。

猎犬们已经发现了他。"狐狸！狐狸！"的喊叫声响成一片，把寂静的森林搅成乱哄哄的一团，仿佛在列那狐耳边敲响了丧钟。

列那狐先用最快的速度向前猛跑，接着又用拐弯抹角的老手法东奔西窜。然而，大群猎人和猎犬已经追来，而且他们精通猎艺，列那狐很快就陷入了重重包围之中，剩下唯一的出路，就是那座通向城堡的吊桥。他于是像一阵风似的窜了过去。

王爷得意地大叫起来："哈哈，自投罗网，他被擒了！"

列那狐尽管被宣布受擒，但窜入城堡后却不见了。猎手和猎犬赶来到处搜寻，怎么也找不到这只狐狸的踪影，他像幽灵一般在城堡里消失了。

人们从地窖找到楼顶，又去邻近的房子中搜索，里里外外，翻箱倒柜，甚至把烤炉和面钵都检查到了，却始终没有发现这只机敏的狐狸的一丝一毫形迹。

"哎呀，"王爷为丢失那么漂亮的猎物而十分懊丧地说，"他能跑到哪里去呢？"

> 同学们，读到这里，你对下文有什么预测？

"我看这只狐狸真是个鬼，可是我不能让鬼留在我的家里，我一定要把他撵出去。"

几个不肯死心的人还在继续搜寻，但一无所获。王爷宣布当晚暂且罢休。

"吃晚饭吧，"王爷说，"吃点饭，鼓鼓劲儿，明天再继续找。"

这一晚，人们围绕着这件事议论纷纷。女人们嘲笑猎手们无能，猎手们决心要在第二天报仇。

天刚亮,他们又开始打猎了。他们才出城堡就发现列那狐站在树林旁边,正看着他们过来呢。

这一次是列那狐在引诱猎人。

他像前一天一样,东绕西拐,又把大群猎狗和猎手引到城堡的吊桥边,接着,如同第一次一样,消失得无影无踪,谁也无法再找到他了。

一连三天,列那狐都是这样戏弄他们:早上,人们看到他在林中空地上乘凉,便去猎捕他,他却很快离奇地失踪了。城堡里的人们以为是着了魔。

第四天,王爷因为有个亲戚带着厚礼来拜访他,所以对这件事情稍微放松了一点。

人们起劲地猎取野猪,对列那狐也就不大注意了。晚上,猎人们回来时又看到了仿佛故意等着他们的这只狐狸,于是他们又向他扑去。

跟前几天一样,列那狐又立刻不见了。这件事成了大家与客人谈话的主题。

晚饭时,桌上摆满了大盘新鲜野味。坐在安乐椅上的客人抬头看着墙上说:"哦,赞美上帝,你这儿挂着那么珍贵的十张狐皮。你想猎取的那一只也跟这些一样精美吗?"

"十张?"主人惊奇地问,因为到底有几张狐皮他记得很清楚,"不,只有九张。"

他还没有来得及继续说下去,门外传来了狗叫声。

客人笑了起来。

"那是我带来的狗,他对我很忠实,从来不离开我。"他说,"夫人,是否可吩咐使女让他进来,像惯常那样躺在我的脚边。他跟随我多年,成了我的伙伴了。"

佣人开了门，狗就进来了。但是他根本不去主人的脚边，而是朝墙上挂着的狐皮狂叫起来。

"这是怎么回事？"王爷说，"我们原来只有九张狐皮，现在却成了十张。"

> 同学们，读到这里，你会有怎样的预测？

于是王爷走近墙壁仔细观看。

"阁下！"他叫起来，"这简直是一件不可思议的事！你瞧，在这几张狐皮中间，不就有那只叫我们找得好苦的活狐狸吗？他在那儿高高地吊着装死呢。可是这一次，他逃不了啦！"

他伸手去抓列那狐，列那狐狠狠咬了他一口，然后趁大家因发现他而乱叫乱嚷的时候，又一次逃跑了。

当人们想到应该赶快拽起吊桥时，他已经逃得很远了。他轻快地笑了，为自己能这样成功地捉弄了整整一大批猎人而高兴。

他不再去找他的表兄了，而是沿着原路回到了家里，很快见到了他亲爱的艾莫丽娜和孩子们，向他们讲述了这段经历。

阅读思考

1. 在阅读《野性的呼唤》《列那狐的故事》两篇动物小说时，你产生了哪些预测呢？
2. 你的哪些预测得到了证实？
3. 用边读边预测的方法进行阅读，你收获了什么？

动物小说推荐

《雪崩》《孩子掉进了豹窝》《朋友大白兔》《奴隶黑猩猩》在课外阅读中，我会根据文中的线索预测，我要多读一读，好好体会。

2 抓住细节体会动物形象

　　细节描写是小说的基本构成单位，没有细节就没有艺术。一篇文章，恰到好处地运用细节描写，能起到烘托环境气氛、刻画人物性格和揭示主题思想的作用。细节描写在文章中看似是闲笔或赘笔，信手拈来，无关紧要，可有可无，但实则是作者精心的设置和安排，不能随意取代。细节描写是刻画人物性格、揭示人物内心世界、表现人物细微复杂感情、点化人物关系、暗示人物身份和处境等最重要的方法。它是最生动、最有表现力的手法，往往用极精彩的笔墨将人物的真善美和假丑恶和盘托出，让读者欣赏评价，使文章的描写更加细腻、丰富。在动物小说中也是同样的道理，抓住动物的各种细节，可以刻画出栩栩如生的形象。

文本课例

灰熊华普（节选）

当第三年的夏天来临时，华普已长成一只大熊了，以后它还会长得更高大、更强壮。

长大了的华普皮肤变得很薄，颜色也很浅，是一只强壮的大灰熊。一个名叫史鲍瓦特的印第安人，一直注意华普的行踪，想找机会捕捉它。华普——"熊"的简称——的名字就是他取的。

史鲍瓦特是一个很精明、很有本领的猎人，他在密地兹河上游发现华普常擦身的树，知道这附近是大灰熊的领地，于是就穿过森林，走遍山谷，费了好多天的时间才找到华普。他逮住机会，向华普开了一枪。

华普在领地中行走，肩膀突然中了一枪，痛得不停地发出吼声。它因为身负重伤，不敢打斗，只好爬上山谷，越过几个不太高的山冈，找到一个安静的藏身处，躺着休息。华普治疗肩伤的方法，完全是它自己想出来的。首先，它很小心地用舌头舔掉伤口附近的泥土和尘埃，再像摩擦一样地用力舔，以减轻伤口的发炎，然后拔下自己的毛贴在伤口上，防止空气中的细菌或尘土侵入。处理好伤口后，再安安静静地躺着。除此之外，它再也没有更好的治疗方法了。

> 同学们，文中通过对灰熊华普一系列动作和细节的描写，展现了灰熊华普在这一过程中的艰辛与痛苦，侧面反映了华普对生命和自由的渴望。

印第安人史鲍瓦特追踪华普的脚印而来。华普闻到他的气味，悄悄地爬到更高的山上，寻找藏身的地方。每当闻到史鲍瓦特的气味靠近时，它就再爬高一点。反复了几次后，终于被史鲍瓦特发现了。史鲍瓦特发射出第二颗子弹，华普又中了一枪。这时候，华普愤恨的情绪已到了极点，它再也无法容忍史鲍瓦特的迫害。对华普来说，真正可怕的是人、圈套和枪三者混合的气味，那是从它失去妈妈的时候开始，最令它忘不了的可怕味道。可是，现在这种恐惧感已化成愤怒，它什么都不怕了，一心一意只想对付这个可恶的印第安人。

它忍痛攀登到更高处，绕过两米高的岩棚，在岩棚上趴着，静候敌人来袭。

史鲍瓦特跟踪华普的脚印，到达岩棚附近，很敏捷地向上攀登，一看到地上有血迹，便露出高兴的神情。这个被胜利冲昏头的猎人，一直爬上山坡，他不知道山坡上的岩棚伏着忍住疼痛、满怀愤怒的华普，正等待他的来临。他一边盯着地上的血迹和脚印，一边左顾右盼，注意前面树林的动静；只是他疏忽了头顶上的岩棚潜伏着重重危机。华普看到敌人已渐渐靠近岩棚，就用那只受伤的前掌支撑起身体，受伤的前掌痛得一直发抖。等史鲍瓦特来到面前，华普立刻用没受伤的另一只前掌，使出强劲的力量，狠狠地向史鲍瓦特击去。史鲍瓦特突然受此一击，连声音都来不及叫出来，就滚到山坡下面去了。

> 通过对华普受伤后的细节描写，让我们更能体会它的坚强与忍耐。

经过了这场劫难，华普更证实它以前的经验：为了得到和平，就必须战斗。

主旨解析

文章开头就说明了主人公灰熊华普和史鲍瓦特势不两立的紧张局势。而随着故事的发展，灰熊华普在成长的过程中明白了生存的道理，更从实践中悟出了和平的真谛。

文章特别注重细节的描写，特别是在灰熊华普受伤两次，忍着剧痛自我疗伤，与史鲍瓦特一系列斗争中的动作的、心理的细节描写，充分展示出它对生命和和平的渴望。

表现手法

　　动物小说中的细节描写是指抓住动物生活中细微而又具体的典型情节，加以细致地描绘，它具体渗透在对动物、景物或场面的描写之中。真实的细节能够增强文章内容的真实性、生动性以及感染力。

　　动物小说中细节描写的方法有很多，如动态造型、对比展示、运用修辞、借用标点、前呼后应等。在词汇的海洋里，动词是最富于表现力的。它不仅能刻画动物、表现中心，还能使文章增加浓郁的生活气息，给人以生活的真实感、形象感，做到写人如见其人、写物如见其物、写景使人如临其境。

　　运用修辞手法，也是细节描写的一种方法。运用修辞手法可以使文章更加形象生动，有利于读者的理解，增强读者的印象，能使文章语言更加华丽优美。标点符号是辅助文字记录语言的符号，是书面语的有机组成部分，用来表示停顿、语气以及词语的性质和作用。

　　细节描写对于小说非常重要，它的作用在于：

　　1.细节描写是小说、记叙文情节的基本构成单位。没有细节就没有艺术。一篇文章，恰到好处地运用细节描写，能起到烘托环境气氛、刻画人物性格和揭示主题思想的作用。细节描写在文章描写中的地位看似闲笔或赘笔，信手拈来，无关紧要，可有可无，但都是作者精心的设置和安排，不能随意取代。

　　2.细节描写，可以塑造活生生的、有血有肉有个性的动物形象。细节描写是刻画动物本性，揭示动物内心世界，表现动物细微复杂感情，点化动物关系，暗示动物身份、处境等最重要的方法。它是最生动、最有表现力的手法，往往用极精彩的笔墨将动物的真善美和假丑恶和盘托出，让读者欣赏评价，使文章的描写更加细腻、丰富。

3. 成功的细节描写会让读者印象深刻，提高文章的可读性。细节描写可以为表现动物的形象、发展故事情节以及直接、间接揭示作品意义或主题思想服务。典型的细节描写富有表现力，能起到以一蕴万、以小见大的作用。

拓展阅读

獾先生（节选）

他们耐着性子等，似乎等了很久很久，不住地在雪地上跺脚，好让脚暖和一点。末了，终于听到里面踢里踏拉的脚步声，缓缓由远而近，来到门边。这声音，正如鼹鼠对河鼠说的，像是有人趿着毡子拖鞋走路，鞋太大，而且破旧。鼹鼠很聪明，他说得丝毫不差，事实正是这样。里面响起了拉门栓的声音，门开了几寸宽的一条缝，刚够露出一只长长的嘴，一双睡意惺忪并眨巴着的眼睛。

> 孩子们，你们发现了吗？对獾和河鼠对话的描写，为下文故事情节的发展埋下了伏笔。

"哼，下回要是再碰上这事，"一个沙哑的怀疑的声音说，"我可真要生气了。这是谁呀？深更半夜，这种天气，吵醒别人？说话呀！"

"獾呀，"河鼠喊道，"求求你，让我们进去吧！是我呀，河鼠，还有我的朋友鼹鼠，我们两个在雪地里迷了路。"

"怎么，鼠儿，亲爱的小伙子！"獾喊道，整个换了个声调。"快进来，你们俩！哎呀，你们一定是冻坏了。真糟糕！在雪地里迷了路，而且是在深更半夜的野林里！快请进来吧。"

两只动物急着要挤进门去，互相绊倒了，听到背后大门关上的声音，都感到无比快慰。

獾穿着一件长长的衬衣,脚上趿的拖鞋,果然十分破旧。他爪子里擎着一个扁平的烛台,大概在他们敲门时,正要回卧室睡觉。他亲切地低头看着他们,拍拍他俩的脑袋。"这样的夜晚,不是小动物们该出门的时候,"他慈爱地说,"鼠儿,恐怕你又在玩什么鬼把戏了吧?跟我来,上厨房。那儿有一炉好火,还有晚餐,应有尽有。"

獾举着蜡烛,踢里踏拉走在前面。他俩紧随在后,互相会心地触触胳臂肘,表示有好事将临,走进了一条长长的幽暗的破败不堪的过道,来到一间中央大厅模样的房间。从这里,可以看到另一些隧道,是树枝状分岔出去,显得幽深神秘,望不到尽头。不过大厅里也有许多门——厚重的橡木门,看起来很安逸。獾推开了其中的一扇门,霎时间,他们发现自己来到了一间炉火通红、暖意融融的大厨房。

地板是红砖铺的,已经踩得很旧;宽大的壁炉里,燃着木柴;两副很可爱的炉边,深深固定在墙里,冷风绝不会倒刮进来。壁炉两边,面对面摆着一对高背长凳,是专为喜好围炉长谈的客人准备的。厨房正中,立着一张架在支架上不曾上漆的木板长桌;两边摆着长凳。餐桌的一端,一张扶手椅已推回原位,桌上还摊着獾先生吃剩的晚餐,饭菜平常,但很丰盛。厨房的一端,柜橱上摆着一摞摞一尘不染的盘碟,冲人眨着眼;头上的椽子上面,吊挂着一只只火腿、一捆捆干菜、一兜兜葱头、一筐筐鸡蛋。这地方,很适合凯旋的英雄们欢聚饮宴;疲劳的庄稼汉好几十人围坐桌旁,开怀畅饮,放声高歌,来欢庆丰收;而富有雅兴的二三好友也可以随便坐坐,舒心惬意地吃喝、抽烟、聊天。赭红的砖地,朝着烟雾缭绕的天花板微笑;使用日久、磨得锃亮的橡木长凳,愉快地互相对视;食橱上的盘碟,冲着碗架上的锅盆咧嘴大笑;而那炉欢畅的柴火,闪烁跳跃,把自己的光一视同仁地照亮了屋里所有的东西。

　　和善的獾把他俩推到一张高背长凳上坐下,让他们面向火,又叫他们脱下湿衣湿靴。他给他们拿来衬衣和拖鞋,并且亲自用温水给鼹鼠洗小腿,用胶布贴住伤口,直到小腿变得完好如初。在光和热的怀抱里,他们终于感到干爽暖和了。他们把疲乏的腿高高伸在前面,听着背后的餐桌上杯盘诱人的叮当声。这两只饱受暴风雪袭击的动物,现在稳坐在安全的避风港。他们刚刚摆脱的又冷又没出路的野林,仿佛已经离他们老远老远,他们遭受的种种磨难,似乎都成了一个几乎忘掉的梦。

> 对獾的动作、鼹鼠的感觉和周围环境细节的一系列描写,表现出了獾的和善。他虽然很辛苦,但是能竭尽全力去帮助别人。

阅读思考
1. 在以上两篇文章中,哪些细节让你感动?
2. 文章在刻画"獾先生"这个动物形象时,细节描写十分精彩,请列举两个例子加以分析。

动物小说推荐
《象群迁移的时候》《瞎眼狐清窝》《在捕象的陷阱里》在课外阅读中,我发现(　　　)中出现了细节描写,体现出了动物之间的情感。

3 动物形象的人格化

　　动物形象的人格化在文学作品中颇为常见,一般表现为动物性格、动物思想、动物行为等被高度拔高、夸大,承载物与人的双重角色,也就是在动物属性的描写之上赋予其人的性格、思想与品质。引导学生探究动物形象的人格化,不仅可以帮助学生发现动物形象塑造的方法,也能使学生更好地理解人与动物之间的共性,弱化学生对动物的固有印象,以更全面的视角认识动物,以更开放、包容的态度思考动物。

文本课例

狼王洛波（节选）

　　卡兰波高原上有一只野狼，已经有很长的时间了，它就像一位帝王那样，统治着这座高原。住在这附近的墨西哥人都管它叫"洛波"或者"大王"。"洛波"在墨西哥语中，是"狼"的意思。没有人敢小瞧这只名叫"洛波"的狼，它的毛皮是灰色的，年龄已经很大了，在狼群中极具威望。狼群在它的带领下胆大妄为地打破这个地区的安宁，胡作非为，它们的名声糟透了。

> 文中的狼与你以往所了解的狼有什么不同？

　　要知道，狼王可不是谁都能够胜任的。洛波的身材比其他的狼都要魁梧高大，它骁勇善战，而且特别狡猾，因此所有的狼都甘心听它的指挥。洛波的声音也十分与众不同，只要听过的人，都再也忘不了那嚎叫。其他野狼在牧民住的帐篷附近游荡半个月，人们也不会害怕。可是洛波不同，哪怕它身在老远的山谷里，只要悠长低沉地嚎叫一声，也会把牧民们吓得心儿直颤、满面悲愁。

　　……

　　牛见狼群来势汹汹，也纷纷做好了迎接一场恶战的准备，它们一致牛头对外，将尖利的角指向狼群，嘴里发出低低的"哞哞"声。洛波的部下们看见牛群的气势很大，不敢轻举妄动，只得继续围着牛群转圈，寻找攻击的时机。没过一会儿，终于叫它们等到了好机会，一头公牛受到惊吓，慌乱地扭头向后跑，这样一来，牛群就先乱了阵脚。狼群乘机冲进牛群中，伸出爪子去攻击它们盯上的那头小母牛。但是其他的牛立刻冲了上来，用角顶翻了狼，使它们无法再靠近小母牛。

　　洛波见部下们始终一无所获，觉得十分不耐烦，逐渐心焦气躁起来。它唰地一下从高处跳起，发出令人闻风破胆的嚎叫声，直直地扑进牛群。那些牛吓得甩着尾巴向各个方向狂奔，小母牛也跟着拼了命地奔跑，可是没跑出多远，就被追上来的洛波一口咬住了脖颈。洛波凶残地一扯，小母牛就倒在地上了。

> 读到这里，你是否会感叹狼是如此凶残的动物呢？

……

为了证明我不是一个愚蠢的人，就让我举一个例子来告诉你们洛波有多诡计多端吧。

我借鉴了一位老猎人的经验，制作出一种剧毒无比的混合性毒药。在加入这种毒药之前，我先煮熟小母牛的肾脏和肥肉，然后等它们冷却了，才在每一块肉的底部挖一个小洞，把毒药塞进去。为了避免毒药的味道被狼闻出，我特地用胶囊把毒药包了起来。最后，我再铺一层煮熟的香喷喷的肉在毒肉之上，这才算完工。

要知道，整个过程中我一直戴着手套，手套事先还在腥味扑鼻的牛血中浸泡过。我还要努力控制自己的呼吸，不让人类的气息沾染在那些肉上。花了许多心思，才制作出了最完美的毒肉。

我把作为诱饵的毒肉带进山里，每隔三百米便放一块在路旁。安放毒肉的时候，我也从不用手去抓，以防人的气味沾在上面。

根据足印判断，洛波它们是跟着我们前一天摆放毒肉的路线行走的。我走到放有第一块毒肉的地方一看，果然空空如也，一定是洛波它们没有禁得住诱惑，把肉叼走了。想到这儿，大家不由得狂喜起来，有位牧民吹起了口哨，叫喊着："哈哈，不只洛波倒霉，其他的狼怕是也活不了了！今天可真是咱们的幸运日！"

可是，洛波的足迹还在继续向前延伸着，那些脚印清晰极了，好像在提醒我，这一切并不像我们以为的那么简单。我们赶紧继续向前走，沿路寻找着，却怎么也找不到狼的尸体。

我走到放有第二块和第三块毒肉的地方，发现那些毒肉也消失了，但是狼的足印还在向前方延伸着。

走到第四块毒肉所在的地方，一切才真相大白。洛波和它的狼群果然狡猾，原来，它们压根没有吃毒肉，只是叼着毒肉离开了前三处地点，来到这儿，然后把四块毒肉叠在一起。它们还在这些毒肉上拉了好大一摊狼屎，是在讽刺我们："人类的伎俩实在太小儿科了！"

……

我们翘首以盼的捕兽夹，终于在两个礼拜之后被运送到了卡兰波高原。我请两位猎人帮忙，花了将近一个礼拜的时间才把那些捕兽夹放置妥当。为了能够捕到狼，我们小心而仔细地使用了各种方式放置捕兽夹，努力做到从外表的伪装上看不出任何痕迹。

放置了捕兽夹的第二天一早，我就骑着马上山去看情况——果然，洛波是打算和我斗智斗勇到底了。它们在捕兽夹旁边耍了些小花招，目的是向我挑衅。

我思索了很久，推测事情的过程应该是这样的：洛波统领着狼群路过第一个捕兽夹时，就闻到了气味，发现了不对劲。所以它示意同伴们不要动，独自靠近了有埋伏的地方，发现了捕兽夹。它把捕兽夹四周的泥土刨开，刨到绑捕兽夹的木头都彻底露了出来，而捕兽夹上那威力强大的弹簧却纹丝不动。洛波使用了同样的办法，把我放置在山里的十几个捕兽夹都给刨了出来。

我把几个捕兽夹摆成字母"H"的形状，也就是在路的两边布上捕兽夹，然后在路中间也横着摆一排捕兽夹。我略带得意地想，这次应该可以捉住它了。

天知道，这个计谋也只是浪费脑筋。从地上的足印我便看出，洛波识破了我的计谋。说实在的，它的这种智慧，挺令我钦佩。它走入我的"H"形捕兽夹阵时，应该是一无所知的。可是当它渐渐走近那一横排的捕兽夹时，竟忽然停下了脚步。它可能逗留了几分钟，思考了一下情势，然后回过头，按照原路，走出了那一片布满捕兽夹的区域。它抬起右脚爪，使劲儿地把石块踢进了捕兽夹的弹簧底下。就这样，我又失败了。

> "我"的种种圈套都被洛波一一识破，你是否会对洛波产生敬佩之情呢？

……

我发现洛波的时候，距离它被捕兽夹困住已经有整整两天了。它没有吃过任何东西，又不停地在挣扎，早就筋疲力尽了。它躺在地上，绝望地喘着粗气，偶尔想要站起来，可不管它怎么折腾，也摆脱不了这残酷的命运。

……

它挣扎了很久，终于失去了力气，瘫倒在地上，一动不动。

……

洛波轻蔑地一咬，就把绳子咬成了两截，绳子啪的一声掉在了地上。洛波抬起头，骄傲地望着我，那表情好像在说："我不服输！"

……

洛波知道自己的嘴巴动不了了，便彻底沉默了。它毫不挣扎，也不发出痛苦的叫声，只是安静地凝视着周围的树木，仿佛在说："你们想杀便杀，想砍便砍，我不怕死！"

……

我知道，当狮子被人捕住、鹫鹰失去自由、鸽子同鸽群离散时，它们都会因为过分悲伤而死去。而我们营地上捆缚着的这只狼王，它同时遭受了被捕、失去自由、与伙伴

> 小说接近尾声，读到这里，你会对狼王洛波做出怎样的评价？

离散这三重重击，心中该是多么深切的悲痛啊！正是彻骨的悲痛，让它如此安静。

第二天，我一起床就出门去看洛波。它仍保持着昨天的坐姿，闭着眼睛，静静地，就像睡着了一样。它的身上没有伤口，而灵魂却已经不知飞散到何处去了。

主旨解析

我们不难发现，洛波保有自然赋予的生活习性及本性，但是在此基础之上，其内在的性格、思想以及外在的行为，也富有人性的特点。洛波足智多谋，果敢强悍，对爱情忠贞不渝。它是有血有肉、有情有义，富有灵性和人格光辉的人性化动物。

表现手法

很多动物小说中的动物形象具有外在的动物特征，但是随着小说情节的发展，动物形象被作者赋予了诸多人性化的品质与特征，使其被拔高、夸大。

1. 智能型动物

高智商是很多动物的特征，它们拥有人所具有的理性思维、逻辑判断、概念分析、伦理道德观念等能力。这些动物是被赋予了人类思维的高级动物，成为"智能化"的动物形象。比如《疯羊血顶儿》就是以神话般的方式塑造了一只"智能羊"，讲的是一只公盘羊血顶儿，为报仇以及改变羊群的悲剧命运，甘愿被羊群嘲笑而执着地一步步地执行自己的计划，实现自己的伟大规划。它"把自己的两只羊角插进裂缝，睡觉时也不拔出来，就躺卧在电击石前，让羊角嵌在石缝中，羊角日长夜大"，在嘲笑与忍辱负重的坚持努力下最终打败了老狼，却由于羊群的不理解和眼光短浅而被出卖，然后死去。

在作者笔下，血顶儿不但拥有类似于人类的严密逻辑思维和推理判断能力，而且能够想到改变羊角的计划和周密的实施方案，俨然是一个拥有超智慧的"人"。

2. 忠贞型动物

忠贞有多重表现形式，爱情、亲情、友情、事业、国家等都是忠贞的对象。忠贞作为一种品格，在古往今来的文学作品中，不管是成人作品还是儿童作品，写人的还是写其他对象的，都多有体现。动物作品中也比比皆是。在西顿所著的《塔克拉山的熊王》中，熊王杰克曾在幼年时被猎人阿南短暂收养，关系亲密；数年后，不知熊王身世的阿南对却对杰克展开了残忍的围捕；在围捕过程中，杰克在第一次与阿南相遇时就认出了曾经抚养过自己的主人，数次在对峙中放过了阿南；但阿南却始终没能认出此时的熊王就是自己曾饲养过的宝贝，直到杰克被活捉以后阿南才恍然大悟。

具有人格特征的动物形象的出现，深化和刷新了学生对自然界一部分动物的理解，同时也加深了对大自然的重新认识和解读。西顿的作品使动物的主体地位出现于动物作品之中，使我们开始熟悉那陌生而遥远的野生动物世界。

拓展阅读

狐狗乌利（节选）

乌利是一只黄颜色的漂亮小狗，当地的人管乌利叫狐狗。这倒不是因为它是狐狸和狗的混血，也不是由于它的毛色跟狐狸特别相似。所谓的狐狗，就是说它兼有各种狗的特征，是混有各种血统的杂种狗。

乌利在幼年时代，过的是一种普通的牧羊生活。它和一只知道放羊时该怎样值班的牧羊犬，还有牧羊人老罗宾，生活在一起。

老罗宾的智力比一只狗也强不了多少，所以教给乌利牧羊的并不是老罗宾，而是那只牧羊犬。到乌利两岁的时候，它已经接受了全套的牧羊训练。老头儿是完全信任它的，以至于他对乌利说："你给我好好地看着羊吧！"自己则跑到一个小酒店里喝起酒来。

乌利就按照老头儿说的去牧羊了。它对老罗宾特别驯服。对乌利来说，罗宾老头儿就是人类中最重要的，也是最伟大的人。

> 在这篇文章中，狐狗乌利有哪些人性化特征？赶紧读一读，找一找吧！

……

羊群看到那一团团翻滚的浓烟，很害怕。这低悬的黑云不就是故乡那异乎寻常的大风暴来临时的景象吗？所以它们一被卸下船，便一齐逃窜出去，三百七十四只羊分散到各个方向。

这下可把老罗宾急坏了，他不知道该怎么办才好，只能眼睁睁地瞧着这些四处乱窜的羊。

老罗宾运用了一下他那浑浊的脑子考虑了很长时间，终于想出了一个好主意，他下命令说："乌利，去把那些羊都给我赶回来！"

就连这样简单的事，老罗宾若是不动一番脑子好好想想，也是想不出来的。

对乌利来说，老罗宾的命令是不可违背的。无论是什么事情，只要是老罗宾的吩咐，它都会立刻照办不误。

乌利跑了出去，马上追回了朝三百七十四个方向奔跑的羊们，把它们聚集在一起，带到了老罗宾的面前。

老罗宾呢，他趁乌利出去找羊的时候，特别悠闲地坐在石凳上，织起了袜子。乌利向他表示"羊已经都回来了"，于是老罗宾就开始清点数目，但却发现少了一只。于是老头儿对乌利说："不全，少了一只吧？你再去找找。"

乌利听了燥得要死，它缩着身子立刻又跑了出去。乌利出去没多久，就有一个小男孩对老罗宾说："那羊不是三百七十四只吗！"

老罗宾又数了一遍，不多不少正好三百七十四只，全部都在。

这一下老罗宾可为难了。雇佣他的那个人让他把羊尽快赶到约克郡去。要是等乌利回来，那就得很晚了。另外，乌利对他又是言听计从的，只要是他的命令，无论是什么事、不管费多大劲它也一定要办成，因而这次它若找遍全城也找不到丢失的那只羊的话，它即使是偷也要带回来一只的——以前就有过这样的例子，所以老罗宾才感到左右为难。

他想来想去还是决定放弃乌利。

此时，乌利在大街上已经跑了好几公里路，它一整天都在寻找那只羊。可是，它白费力气。到了晚上，它精疲力竭，饥饿不堪，满脸羞愧地偷偷回到了渡口那儿。然而，它再也看不到羊群和主人了。

阅读思考

1. 《狐狗乌利》中的乌利给你留下了怎样的印象？
2. 乌利属于哪一种类型的动物？
3. 你是如何看待乌利的种种行为的？简要谈谈你的想法。

动物小说推荐

《斑羚飞渡》《情豹布哈依》《老鹿王哈克》《疯羊血顶儿》在课外阅读中，我还发现（　　　　）属于"智能型"动物，（　　　　）属于"忠贞型"动物。我要多读一读，好好体会。

4 "离家—回家"模式

　　动物小说作为一种类型小说，它的叙事有一些常用模式，如"人遇难—得动物救助—脱险"模式、"动物误入人群—遭到动物嫌弃—回归山林"模式、"被囚—获释—历险—不知所终"模式等。而在西顿动物小说中，因常常会出现动物因人类捕杀而被迫离家，在与人类的重重斗争中摆脱束缚重获自由的故事，所以"离家—回家"的叙事模式较为普遍。我们引导学生了解这种固有的叙事模式，对于学生快速掌握小说的主要内容，以及感受动物对生命价值的选择具有重要意义。

文本课例

后街的猫（节选）

黑人举枪瞄准，一只一只地打死了那些小小的猫咪。过了一会儿，称职的猫妈妈凯蒂叼着一只大老鼠，沿着墙根急匆匆地朝着糕点盒里的猫窝跑去。黑人本来又举起了枪，准备把它也给杀了，但他转念一想，这只猫会捉老鼠，这也算是件好事。于是黑人又放下了枪，留下了凯蒂的性命。

……

黑人听见猫叫，就绕到垃圾堆旁边去一探究竟。他伸头朝糕点盒里看去，哈哈笑了起来，那真是稀奇的一幕：小小的破盒子里，竟然有一只母猫、一只活着的小兔，还有一只死了的老鼠。

> 黑人将如何对待凯蒂，它将何去何从？让我们在阅读中遥望凯蒂的漫漫回家路吧！

不幸的是，几天以后，小兔子因为惊吓和生病而死去了。笼子里只剩下凯蒂，它不必再担心吃不饱，因为现在每天有人定时喂它食物。但是凯蒂不觉得有丝毫快乐，因为它就像在坐牢一样，没有自由。它住在笼子里，百无聊赖，便每天都用自己的小舌头去舔舐自己的身体。它仔仔细细地，把每个部位的毛都舔得又亮又光滑。本来它就十分漂亮，这样一来更显得高贵优雅。马莱发现了这一点，便决定把凯蒂养在宠物店里。

……

凯蒂被卖给了住在第五大道的豪宅的一户人家。当它跨出笼子的第一秒，就表现得非常随便和散漫，这让这家有钱人觉得很困惑。有时罗伊·阿纳罗思丹会粗鲁地朝着金丝雀的笼子扑去。就算它经常跳到垃圾桶里翻来翻去，人们也会说："哎呀，咱们的罗伊·阿纳罗思丹虽然是贵族家的小姐，但是它也有自己的小性子，有时候不开心了，到垃圾桶里撒撒气，也是很能理解的。"

从前那些吃不饱、睡不暖的日子早已远去，现在凯蒂吃到的都是最有营养最健康的食物，整天睡在天鹅绒垫子上，唯一的任务就是由人观赏，听大家的赞美。可是，它一点儿也不快乐，它非常想念那后街的原来的家。现在它只能发呆，望着窗外的大花园，幻想着能去草地上、垃圾堆上跑一跑。人们都知道它是只高贵的猫，从来不允许它上外面去玩耍，凯蒂只能在房间里扒垃圾桶，以此来缓解对家乡的思念。

时间来到了三月，一天晚上，罗伊·阿纳罗思丹藏在垃圾桶里，跟着被搬到外头清理的垃圾桶跑出了房间。然后它跳出垃圾桶，悄悄沿着墙根溜了出去。它离开了这个有钱人的家庭，要去寻找自己真正的家。

猫这种动物是颇有些灵性的，就算它在离家遥远的、陌生的地方，它也能找到回家的路。凯蒂正是如此，它找准了一个方向，连夜奔跑起来，风餐露宿、日晒雨淋，不知跑了多少天，冒了多少次险，才终于回到它家乡贫民区的那条后街。凯蒂沿着脏乱油腻的道路走着，跳上那陈旧的矮墙，跑进宠物店后头的垃圾堆里，然后，钻进了它从前生活的那个破糕点盒里。

> 凯蒂出逃成功啦！

……

马莱和沙姆在地下室门口设了个陷阱，在陷阱里放上了猫爱吃的食物，有肉块，还有鱼头。果然，凯蒂饿的时候又来到了宠物店，蹑手蹑脚地走进陷阱，想叼一个鱼头走。埋伏在一边的沙姆见凯蒂中了计，立刻扯了一下绳子，只听"嘭"的一声，箱子就把凯蒂罩住了。

凯蒂又过上了好吃好喝却没有自由的日子，可是，主人对它的看管比从前更严格了。凯蒂讨厌这种锦衣玉食的生活，愈发地想念起了以往那种挨饿受冻，为了生计奔走，但却不受束缚的生活。正因如此，它的情绪越来越不稳定，行为动作也更加野蛮激愤了。

……

罗伊·阿纳罗思丹有一次偶尔看见了这个厨娘，就对她产生了一种亲切感，觉得她身上似乎带点后街的味道。要知道，罗伊·阿纳罗思丹已经想念后街的家想得快发疯了。

凯蒂爬上了阁楼，在里面躲到半夜，等人们都睡着了才偷偷跑出来。它仔细地观察每一扇门窗，竟然找到了一个半开着的小窗子。在这个阴天的夜晚，凯蒂跳上窗子，再一次逃走了。

它顾不上抖落身上的尘土，就顺着来时的方向，勇敢地昂着头一路前行。

……

这崭新的生活让凯蒂感觉幸福极了，它做梦也想不到，自己竟然在家乡过上了好日子。以前凯蒂一直想捉只麻雀，但怎么也捉不到。这几天，它散步的时候发现下水道旁边有两只麻雀正在激烈地打架。它躲在一旁，趁两只麻雀都打得晕头转向的时候，适时地扑了上去，捉住了它们。

……

可是凯蒂仍然爱在傍晚跑出大楼，去从前后街的垃圾堆那儿溜达上一圈。从过去到今天，无论生活的环境怎样变化，凯蒂一直深知，自己只不过是一只在贫民区的后街长大的野猫。我想，就算是未来，它的这种态度也是不会动摇的吧。

> 同学们，结合选文思考，这种态度指的是什么态度？

主旨解析

文中的凯蒂原本是一只在大街的垃圾堆中寻找食物的野猫，却被宠物店老板沙姆发现并关在了笼子里。之后，又被作为"名贵"宠物被卖给了一个富贵人家。在那里，凯蒂被好生护养，唯一的任务就是由人观赏，听大家的赞美。但是这对天生随性的野猫来说，无疑是巨大的束缚。"贫民窟的野猫"是凯蒂的自我定位和对生命价值的选择。选文也表现了作者对动物生命价值选择的认可和尊重。

表现手法

动物小说是一种独特的艺术体裁，它以动物为主要的描写对象，通过对动物世界中生活万象的描绘，寻觅大自然的奥秘与情趣，也揭示了人类的贪婪与无知。动物小说中的动物形象往往具有"类人性"，在阅读动物小说文本的过程中，我们通常很容易就会发现有叙事模式可循。我们以西顿的动物小说为研究对象，通过文本细读和文本分析的方法研究其叙事模式，结果发现，在一部分作品中，会出现动物被迫远离自己的舒适圈，不得不在斗争中获取自由的故事。

动物被迫离家。在西顿的动物小说中，动物之所以离家大都是因为人类的贪婪或者无知的本性禁锢了野生动物的自由。动物的心理以及生活环境都将发生变化，原本广阔的自然空间被迫转变为狭窄的人类生活空间，动物由感到自由转变为想逃离。正如在《后街的猫》中，被圈养、剥夺了自由的野猫面对一切优渥的环境和物质条件，也经常闷闷不乐，并多次想方设法逃离出去。虽然人与动物之间存在着一些共性，但所适合的生存环境还是不一样，尤其是野生动物，最终还是要回归大自然。孩子们也不难发现，小说的情节创作来源于作者对社会现实的思考，具有真实性。

动物反抗后回家。结合情感经验，我们不难猜测动物被迫离家难免会产生极度焦虑，伴之迫切想逃离、想回家的愿望。然而动物想要摆脱人类的束缚和枷锁却是不容易的，因为动物无法通过语言传递想法，只能在一次次反抗中不断尝试，直到实现目标，哪怕最终落得悲惨的结局。回家是动物追求自由的体现，是生命价值的彰显，是回归自我的重建。比如在《非凡的信鸽》中，当信鸽阿诺终于能逃出那个无耻男人的禁锢时，阿诺"箭一般地冲到了外面"，两年的囚禁生活使得阿诺对故乡的思念、对自由的向往如火焰般越烧越旺，因此阿诺在回家的途中不断地呼唤着"我的家，我的家，令我怀念的故乡啊！"

动物小说的这种叙事模式，让读者不但可以了解动物自身的习性和特点，还可以从中感受人性的美丑与生命的价值。此外，人与动物共同生活在自然界之中，我们在阅读动物小说的过程中，自然会对人类与动物间的关系进行深入的联想和深刻的省思。所以我们可以这样认为：动物小说在为读者提供文学享受的同时也有助于我们更好地摆脱人类自身的成见，增强对自然界内所有生命的敬畏意识。

拓展阅读

野马坦克（节选）

牛仔乔治忽然兴奋起来："你们相信吗？我发现了一群野马，当时它们正在羚羊饮水场饮水。"这些生活在美国西南部的野马很难和人亲近。"其中有一匹黑色的小马，长得漂亮极了！而且一看就知道是天生的奔跑能手，我试着追了它两三公里，但它始终跑在伙伴们的前面，疯狂地奔驰着。嘿，简直太有趣了！我把它叫作黑马坦克！"

……

乔治是个靠每月二十五美元薪水过活的普通牛仔，就像大多数牛仔一样，他也渴望将来能拥有自己的牧场，为了这个梦想，他必须努力挣钱、存钱。"我一定要干一番轰轰烈烈的事业。"当乔治盘算各种计划的时候，黑马坦克——引导人改变命运的神，出现在他的脑海里，乔治决定一有机会就活捉它。

......

羚羊饮水场位于大平原的中央，水质很好，是方圆几公里内唯一的饮水点。这块平原是那群野马最喜欢觅食的地方。

......

果然，黑马看到福斯特一行人侵入，立刻勃然大怒，像牛仔一样熟练地驱赶着雌马全速离开。福斯特很快被远远地落在了后面，急性子的福斯特取出手枪，瞄准黑马，可是很难做到射杀黑马又不伤害雌马。黑马带着它的一家赶往南方的沙丘间，消失得无影无踪。

......

"射杀这美丽的动物，把它变成一堆腐烂的肉，实在太残忍了！"瞬间，枪声响了，西顿故意走火，朝空中发了一枪。谷底的马群被枪声吓得骚动起来，黑马坦克气呼呼地跳跃着，把雌马集中在一起。一阵马蹄声响，所有的马奔驰而去。气得杰克在旁边用粗鲁的西部方言大骂西顿混蛋，可是西顿怎么舍得伤害这么一匹美丽的生灵呢？

> 人类的第一次活捉行动失败了。

......

乔治悄悄地靠近黑马坦克，但黑马马上就发现有人入侵，率领雌马越过草原，消失在东南方。乔治立刻折回去指挥他的同伴分头行动，他自己继续朝东南方追去。跑了两三公里后，他终于看见了马群，可同时马群也看见了他，转身就跑。一个小时后，这种情景再次重现，实际上，整个下午，乔治都在和马群进行着这种拉锯战，直到太阳落山，贾利接替了疲倦到极点的他。马儿们已不像当初那样快速奔驰，他们似乎已经适应了这种游戏，以为追逐他们的人并不会伤害他们。

天黑了，反倒更有利于捕捉马群，因为马群中有一匹雪白的雌马。天空中悬着一弯明月，月光下的人和马儿都静默着，奔驰，月光下唯一可见的是幽灵般的白马。尽管如此，贾利最终还是被马群甩掉了，他无奈地跳下马,解开马鞍,把马系住,用毛毯裹住身体,一躺下便呼呼地睡着了。

……

乔治只得暂时收兵,把九匹雌马赶回到福斯特的牧场,从他那里得到了一笔可观的报酬。受到奖金的诱惑,乔治想要捕获黑马坦克的欲望越来越强烈。

老汤姆的失败,并没有使乔治灰心,他发誓一定要把黑马坦克抓回来,并决心尝试一种新方法——这方法的灵感来源于草原狼捕捉矫健的兔子和印第安人捕猎羊的手法,也就是古代传下来的一种接力式追逐的办法。

这一天终于到了,乔治坐着马车,来到羚羊饮水场附近的平地上,在一段距离外的山谷间扎营等候。

……

但是乔治没有松懈,因为在不远的前方,阿里巴山谷有新马在等着。

终于抵达阿里巴山谷了。黑马坦克冲入谷底,看守的人故意侧身一闪,防止它扭转方向。黑马冲过去了,跑下山谷,横越草原,又爬上另一座山谷。那永不停歇的脚步,规律而整齐,它已经忘了跑步之外的所有事情。

乔治又换了新马,他使出各种手段,催马向前,可是并没有起到多大作用,黑马坦克仍然用同样的步伐奔跑着。

乔治抄捷径,当两匹马的距离稍稍拉近时,他拔出枪来,胡乱射击。黑马看到前方灰尘弥漫,被吓着了,就调转马头,往右边的山谷奔去。

乔治的伙伴立刻跨上一匹雄壮、结实的马,飞奔出去,追逐战再次拉开。终于,黑马坦克嘴里吐出像雪花般的白泡沫,肚子咕咕响,呼吸急促,可以看出它已经非常痛苦了,可它还是不断地向前奔跑着。

骑着新马的另一位伙伴,前来接替,朝着阿拉摩沙谷的西边追上去。虽然骑马的人没有受伤,马儿却倒地不起,黑马坦克趁机逃得更远了。

下一个重镇移到卡烈鲁老人的牧场，乔治已经提前绕到此地等候，黑马一出现，乔治就追了上去。

乔治换了另一匹新马，被抛弃的那匹马喘着气走到水边，连续喝了好几口水，就瘫倒在水里了。然而，黑马坦克非常聪明，它只喝了一口水，就渡过河去，乔治穷追不舍，但始终落在后面。

黑马坦克被牛仔们追得走投无路，性情变得越来越凶暴，但是它仍然没有丝毫要离开羚羊饮水场的意思。

> 面对人类给予的重重枷锁及一次次致命的打击，黑马坦克始终没有屈服，誓死捍卫自己的家园——羚羊饮水场。

阅读思考

阅读《后街的猫》和《野马坦克》选文，借助表格对比两篇选文的异同点。

	不同点		相同点
故事名称	《后街的猫》	《野马坦克》	都是描写野生动物为了回到或者捍卫自己的家园与人类展开（　　）的故事，都体现出了动物对（　　）的向往。
主人公	主人：沙姆 野猫：凯蒂		
动物离家的原因	主人因贪婪将其贩卖		
与人类对峙的次数	三次		
动物的结局	回到后街		

动物小说推荐

《非凡的信鸽》《白驯鹿的传说》《基尔达河畔的浣熊》在课外阅读中，我还发现（　　　　）也是讲述动物为回到家园而与人类抗争的故事。

5 借助思维导图厘清故事情节

  思维导图是英国心理学家、教育学家托尼·博赞发明的一种先进的思维工具，正被全球很多人使用。这是一种非常有用的图形技术，是打开大脑潜能的万能钥匙。思维导图化抽象为形象，化空洞为具体，化难为易，化繁为简。它将文字记忆改为图像记忆，开发了右脑，提高了阅读效率。动物小说中的人物纷繁复杂，情节曲折跌宕，篇幅也较长，所以学生在阅读时就可以发挥思维导图独到的优势与功效，厘清文章思路，把握文章结构，快速了解文章的主要内容。

文本课例

列那狐的故事（节选）

那天早上，小狗古杜瓦得到一份美味：一大段圆润、鲜嫩的香肠。他的主人不知为什么不爱吃而留给了他。

人们把香肠拿到他的跟前，让他欣赏了一番，又让他闻了闻。古杜瓦像一条白杨鱼似的欢跃起来，摇着尾巴，发出喜悦的叫声。他等着主人把这条答应给他的香肠给他吃，可是女仆却偏偏把它放到了一个很高的窗台上。

"现在还早呢，"女仆说，"过一会儿再给你吃。"

古杜瓦看了那么好的食品，觉得肚子更饿了。可是又有什么办法呢？他是被拴着的呀！他可怜地叹息了一会儿，只好忍气吞声了。

他躺下来，等待着。

这段还有点温热的香肠的气味散发到了远处，正好被经过这里的列那狐闻到了。

"真香！"他想。

出于好奇和馋欲，他开始东张西望，看看是不是碰巧能在散发这股诱人香味的地方找到他的午餐。

当他走近住宅时，他遇到了躺在树下睡觉的花猫蒂贝尔。

"我的伙伴，"列那狐问，"这阵那么香的味儿是从你家散发出来的吗？我的鼻子被熏得好舒服啊！"

花猫微微睁开眼睛，抬起他那机灵而顽皮的脑袋，用一秒钟工夫很快嗅了一下空气。

> 仔细读读这一部分，是不是已经找到故事中的几个主要人物了？可以试着把他们列出来。

"唔,是的。"他说,"我想这是人们为我准备的午餐的味儿。"

接着他很有礼貌地补充说:"如果你愿意跟我走,我可以让你知道这是怎么回事。"

于是,他便一声不吭地庄重地向住宅走去。列那狐跟在他的后面。

一到住宅,他们看到古杜瓦正在痛苦地叹着气:"啊,我的鲜美的香肠,你能自己掉下来该多好啊!"

"你怎么啦,古杜瓦?"蒂贝尔亲切地问。

古杜瓦急忙向蒂贝儿讲了女仆的刻薄行为:她把这条鲜美的香肠只让他闻了一闻,就放在他够不到的地方了。

"不过,她明白地对我说过,这是'我的'午餐。"

蒂贝尔跑回列那狐身边。

"蒂贝尔,听我说,"列那狐说,"这个古杜瓦真是太傲慢了!你没听见吗,说这是'他的'午餐。在他眼里,你好像根本不存在一样。假如你能帮助我,我倒可以把这条香肠弄到手,然后咱俩再回到你刚才休息的草地上,舒舒服服地一起享用。"

蒂贝尔觉得这是个好主意。两人便想起办法来。

他们约定:蒂贝尔进入住宅,跳到放香肠的窗台上,设法把香肠扔到列那狐的身边,然后由列那狐把它取走,跑到稍远的地方等着蒂贝尔。

整个过程进行得非常顺利。

小狗古杜瓦看到自己的午餐被列那狐抢走了,就像被人勒住一般地狂叫起来。

蒂贝尔看到列那狐飞快地跑走了,知道上了当,就对古杜瓦说:"我去追这个小偷,把你的香肠夺回来。"

列那狐是狡猾的,蒂贝尔猫却比他更精明。

蒂贝尔抄了一条近路赶去。当列那狐满以为大局已定、可以独吞香肠的时候，他忽然看到花猫的影子就在他的身边——花猫正悄悄地跟着他呢。

他心里暗暗吃惊，但表面上仍然装得很镇静，盘算着怎样摆脱这位不速之客。

蒂贝尔心里也正在想着对策。

"到哪儿去啊？"蒂贝尔问，"咱俩到哪儿去分这条香肠啊？"

"噢，你要是老这么跑，我们永远也吃不上了。"他语气激烈地继续说，"你已经把它拖在地上弄脏了，你的口水也流到了牙齿咬着的地方了，这多叫人恶心啊！"

> 列那狐是这段故事中的主角，我要用图示把他的经历记录下来。

"要不，我给你做个样子，看看怎么叼才合适。"

列那狐不大欢迎这个提议，因为他总是用自己的标准去衡量别人，怀疑别人会捉弄他。

但是，他看了看蒂贝尔，暗暗思忖：叼着这么一大条香肠是很难溜走的。

于是，他终于接受了同伴的建议。

花猫用很雅致的姿势拿了香肠的一端，然后又非常巧妙地把另一端甩到背上，使它不致拖在地上。

"就这个样子。"蒂贝尔说，"一会儿，等我走累了，你也这样叼。你看，我甚至没有把它碰到嘴上，这就干净多了。"

"走吧，我们也许可以到前面那个小丘上去吃，在小丘上能欣赏欣赏周围的风景，也便于进行自卫。"

没等他的伙伴回答，蒂贝尔就快速小跑起来。列那狐花了好几分钟时间才赶上他。

主旨解析

　　《列那狐的故事》主要描绘了一个动物世界，作品所展示的是中世纪法国各种社会力量斗争的错综复杂的局面。它通过对动物的人格化，象征中世纪社会各阶级的人物。其中最高统治者是狮子诺博尔，它愚蠢而刚愎自用，是现实中国王的象征。伊桑格兰狼和勃朗熊骄傲跋扈，体现了现实中贵族廷臣的状态。在故事中，主教贝尔是一头蠢驴，教皇代表缪萨尔是一头骆驼，这些形象构成了封建上层社会。而那些弱小的动物，如鸡、兔等便是下层人民的代表。聪明的列那狐是市民阶级的典型。故事在列那狐和伊桑格兰狼的明争暗斗中展开。列那狐以它的狡黠愚弄包括狮王在内的所有动物，引起了它们的强烈不满和怨恨。狮王先后派勃朗熊、梯培猫和格兰巴德猫等前往，将其捉拿归案。但列那狐利用它们各自的弱点设计陷阱，狠狠地耍弄了它们。他捉弄国王，杀害大臣，嘲笑教会，几乎无法无天。他的胜利标志着市民智慧战胜了封建暴力。另一方面，列那狐又肆意欺凌和虐杀代表下层劳动人民的很多没有防卫能力的弱小动物，许多鸡、兔、鸟类成了他的腹中之物。从这方面看，他又是城市上层分子的形象。

　　故事通过列那狐的经历，形象地反映出封建社会是一个黑暗的，充满欺诈、掠夺和弱肉强食的野蛮世界，作者为中世纪法国惨受剥削和压迫的广大劳动人民发出愤怒的抗议。

　　学生阅读这么长的故事，首要的就是厘清故事的主线，弄清人物之间的关系，而思维导图就是最好的帮手。既可以直观地表现每个人物的命运，又能突出文章主线，使学生快速把握全篇的主要内容。可以把每个人物的特点以及主要经历梳理出来，这样一目了然，很快就能把握住全文的主要内容了。

表现手法

思维导图也被称作"心智图",是通过带顺序标号的树状结构来呈现一个思维过程,将放射性思考具体化。简单地说,就是将人们在头脑中所想的内容用各种色彩的笔,通过图形、文字和线条在纸上表现出来,是一种放射状的辐射性的思维表达方式。它把传统的语言智能、数学智能和创造智能结合起来,成为表达发散性思维的最有效的图形思维工具。如今,思维导图作为 21 世纪全球革命性的学习工具被广泛应用于学习、写作、沟通、教育、管理等各方面,极大地提高了人们的学习能力和思维能力。

应用思维导图让学生产生阅读联想。以往小学生的语文阅读过程较为机械,大脑中根本没有进行思考,没有将阅读的内容与现实生活联系起来,所以通过阅读真正学习、获得的东西非常少、非常有限。针对这样的情况,可以运用思维导图让学生产生联想,启发学生的思维,让学生将阅读和自己的现实生活联系起来,在梳理文章内容的同时加入自己的体验和感受,无形中就使阅读的文本更加丰富。

针对不同题材的阅读材料可以制作不同的思维导图来辅助阅读。不同文体的文章都会有相对固定的框架,比如写景的文章一般都会按照时间和空间的转换进行景物的推进描写,可以引导学生沿着这样的主线去梳理内容;而叙事性的文章可以抓住主要人物的经历以及事情的发展顺序这样的主线引导学生理解全篇的内容。还可以让学生根据不同类型的阅读材料列出一些共性的问题,然后就提出的问题在文中找到相应的解答。这样利用思维导图就可以对阅读材料有更深入的理解。

总之,思维导图结合了图像、数字、线条、文字等,将其应用于小学语文阅读中,可以让小学生在阅读中接触各种元素,调动学生的左、右脑理解文章，处理文章中的信息，可以大大提高小学生的阅读效率。因此在小学语文课外阅读中，通过思维导图可以更好地调动小学生的阅读积极性，提高他们的阅读效率，提高阅读的有效性。

拓展阅读

小鹿斑比（节选）

斑比和老鹿王没走多远，一股刺鼻的气味已经扑面而来，随之而来的是直逼内心的威胁和惊骇。

斑比停下不动了，而老鹿王继续朝前走，迎着这股气味走上前去。斑比跟在后面，犹豫不决。

> 我发现故事从一开始就充满了神秘和悬疑的色彩。

这种令人窒息的气味一浪一浪地涌来，越来越浓，可老鹿王仍然没有停下前进的脚步。斑比的心头闪出了逃跑的念头，不停地在他的胸口跳动，在他的脑子里翻腾，想把他拖走。斑比强迫自己坚持住，站在老鹿王的后面。

现在，这股充满敌意的气味变得如此强烈，淹没了周围的其他一切气息，令人几乎无法呼吸。

"这儿！"老鹿王边说边走向一旁。

偷猎者躺在纷乱的雪地里，身下压着折断的树枝，就在他们前面，只有两步远。

斑比忍不住一声惊叫，一跃而起，逃跑的念头终于控制了他。斑比几乎已被吓蒙了。

"站住！"斑比听到老鹿王的叫喊，转过头去，只见老鹿王平静地站在那儿，脚下的偷猎者还躺在地上。除了惊讶，还有对老鹿王的顺从以及内心强烈的好奇和期待，斑比硬着头皮走上前去。

"再近点……不用害怕。"老鹿王说。

偷猎者躺在那儿，仰面朝天，帽子跌落在一旁的雪地里。斑比当然不懂什么帽子，只以为那是偷猎者可怕的脑袋被劈成了两半。

偷猎者不长毛的脖子被刺穿了，伤口像张开的红色小嘴，血还在慢慢地渗出来，他的头发上、鼻子下的血已经凝结了起来。他就这样躺在血泊里，身边的雪融化了一大片。

"我们就站在这儿，"老鹿王轻轻地说，"就站在他身边，挨得这么紧……而危险又在哪儿呢？"

斑比低头看看躺在地上的家伙，他的体形、他的四肢和皮肤让斑比觉得神秘莫测，非常恐怖。斑比看看那双停滞不动的眼睛，它们正漠然地朝他瞪着。斑比无法理解这一切。

"斑比，"老鹿王叫了他一声，继续说，"你还记得戈波说过的话吗？还记得那条狗说过的话吗？还记得他们都信以为真的话吗？……这些你都还记得吗？"

斑比无法回答。

"你都看见了，斑比，"老鹿王继续说下去，"你有没有看见，现在他直挺挺地躺在这儿，就像我们当中的一个？听着，斑比，他并不像他们所说的无所不能。所有生长和生活的一切并非来自他的恩赐。他并不高高凌驾于我们之上！他和我们是同等的，就和我们一样，他跟我们一样有着恐惧，忍受困苦，遭遇不幸，也会被击败，跟我们一样，无助地倒在地上，正如你现在所看到的他这个模样。"

> 我能找出故事中的重点人物（　　）和（　　），他们的表现给我留下了深刻的印象！

一阵静穆。

"你理解我的意思吗，斑比？"老鹿王问。

斑比轻声回答:"我想……"

老鹿王鼓励他:"说下去!"

斑比涨红了脸,颤抖着说:"另有一个,高高凌驾于我们大家之上……在我们之上,也在他之上。"

"这下我可以走了。"老鹿王说。

他转过身,于是他们两个并肩走了一段路。

> 我能试着画出这个故事的思维导图来。

在一棵高大的橡树前,老鹿王停了下来。"别再跟着我了,斑比,"他开口说道,语气平静,"我的时辰到了。现在我得给自己找一个地方,等候生命的结束……"

斑比张了张嘴,想说什么。

"不,"老鹿王打断了他,"不……在我临终前的这一刻,让我们都各自单独度过吧。别了,我的儿子……我非常爱你。"

阅读思考

1. 在《列那狐的故事》和《小鹿斑比》两篇小说中,有哪些精彩的情节让你印象深刻?
2. 在读篇幅较长的小说时,你也可以试着运用思维导图帮助自己梳理故事的脉络,快来试一试吧!

动物小说推荐

《一只耳朵的大鹿》《孤岛的野狗》《向往自由的野马》《野兔锯齿耳》《朋友大白兔》《老象恩仇记》

在课外阅读中,我还发现(　　　　)也可以借助思维导图厘清故事情节,我要多读一读,好好体会。

6 悲壮的结局

　　细心阅读的同学们不难发现,很多动物小说的结局都是悲惨的,让人读后倍感惋惜,心情久久不能平复。其实这就是作者赋予作品的一种悲剧美。悲剧美是一种崇高之美,悲剧结尾能震撼人的心灵,使人的精神境界得到升华,坚定对真善美的不懈追求。这种悲惨的结局不仅被运用到以人物为主角的小说中,而且在以动物为主人公的小说中,它依然能起到同样的作用,让这些动物形象更加深入人心。

文本课例

春田狐（节选）

小狐狸提普是这窝狐狸中最弱小的，现在得到了妈妈全部的爱。猎犬被放出来，保护母鸡。雇工也得到了命令，看到这只母狐狸就要开枪。我也被要求这么做，不过我决定不和它碰面。下了毒的鸡头被扔进树林里，猎犬可不好这口。只有爬上柴火堆，才能进到提普所在的院子里。虽然机关重重，母狐狸还是每晚都来。它带着新杀死的母鸡和猎物，喂给小儿子吃。我曾多次目击，提普还没发出任何声响，它就过来了。

小狐狸被捉的第二天晚上，我听到链条在嘎嘎作响，向外一看，母狐狸正在箱子旁边挖洞，当挖到很深的时候，它把铁链松弛的部分全都埋了进去，然后用土填平。它以为这样能摆脱铁链，于是叼着提普的脖子，向柴火堆跑去。可是，没走两步，提普便被狠狠地拽了回来。可怜的小家伙一边啜泣，一边爬向自己的箱子。过了半个小时，几只猎犬发出了巨大的叫声，它们向树林深处跑去，我知道它们在追母狐狸。它们沿着铁路向北追去，喧嚣声慢慢地平静了。第二天早晨，它们也没有回来。很快我们就弄清了原因。狐狸们很久之前就懂得利用铁路，并发明了好几种方法。其中一种就是被猎犬追踪时，在火车开过来前，沿铁轨先跑一段。留在铁轨上的气味很微弱，而且火车也会破坏这种气味，追来的猎犬很可能会被火车碾死。还有一种方法更安全，那就是在火车开过来前，引着猎犬跑上高架桥，这样火车一来，猎犬必然丧命。这种方法非常巧妙，我们在铁路的下面找到了罗杰被碾轧的尸体。这是母狐狸在复仇。

> 从2、3自然段的阅读中，我体会到母狐狸在想尽一切办法营救小狐狸。

当天晚上，在筋疲力尽的斑点回家之前，母狐狸已经来到了院子里。它给提普带来了一只刚杀死的母鸡，并在它身边躺着，喘着粗气给它哺乳。它一定认为如果它不带吃的，提普就会饿死。那只母鸡泄露了母狐狸每晚的来访，引起了叔叔的注意。我十分同情母狐狸，但对捕杀它的计划无能为力。第二天晚上，叔叔拿着枪等了一个小时。到天变冷，乌云遮住了月亮时，他想起还有一件重要的事要做，就把雇工帕蒂叫过来替换他。夜晚的寂静和焦躁的等待，让帕蒂心惊胆战，过了一个小时，外面出现了枪声，是帕蒂开了枪。到早上时，我们发现母狐狸又给小狐狸送来了一只母鸡。那天夜里，一只母鸡还是被偷了，叔叔继续拿枪站岗。天黑以后，我听到一声枪响，这次也没打中，母狐狸丢下嘴里的猎物逃跑了。之后的那个晚上，它又来了一次，因为枪又响了一下。隔天早上，从铁链锃亮的一段可以看出来，它又来了，而且几个小时都在试图咬断那该死的链子。这样顽强的意志和不灭的勇气，如果没有换来人们的宽恕，也应得到人们的尊敬。之后的晚上，没有人愿意再站岗了。这会给它带来帮助吗？连续三个晚上被人开枪射击，它还会冒着生命危险来哺育或者解救它的孩子吗？它还会再来吗？出于伟大的母爱，它肯定会再来的。

第四天晚上，我继续注视着院子，小狐狸悲切的叫声响起来时，柴火堆上出现了一个黑影。但是，我没有看到它带着猎物。难道女猎手这次失败了？难道它不打算再喂养提普，而让人类给它的孩子提供食物了？不，完全不是这么回事。生活在荒野的母亲拥有最真挚的爱与恨。它唯一的想法就是让自己的孩子得到自由。它已经试过了所有的方法，冒险来照顾它，解救它，可是全都失败了。它像一个影子一样，悄然来临，又转瞬离开。提普抓着它留下的东西，津津有味地吃起来。在它吃的时候，浑身一阵剧痛，它忍不住发出尖叫声。苦苦挣扎了一小会儿，它就死了。母狐狸的心中虽然充满了母爱，但它脑子里有更执着的东西。它知道毒饵的威力，也分得出毒饵，如果小狐狸还跟在它身边，它一定教它辨认毒饵的技巧。然而，到了这个地步，它必须为自己的孩子选择一条路，是过凄惨漫长的囚徒生活，还是痛快干脆地死亡。它极力压抑自己的母爱，为孩子选了一条通往"自由"的道路。

下雪后，我们才进入树林追寻母狐狸的足迹。当冬天来临时，我们再也没发现它在这片树林里生活的证据。谁也不知道它去了哪里，只知道它已经离开了。也许它去了某个遥远的地方，忘记了被杀死的伴侣和孩子。或许也像小狐狸一样，它放弃了悲惨的命运，寻找到了自由。

> 读到结尾你一定会心潮起伏，你是不是对母爱有了进一步的理解呢？

主旨解析

大家都觉得狐狸是一种非常狡猾的动物，但是，如果你读完了西顿写的动物故事《春田狐》这本书后，一定会情不自禁地感叹道：动物的爱与人类的爱一样伟大！狐狸妈妈维克森为了让孩子们吃上可口的鸡肉，满足它们的要求，经常冒险去农场抓鸡，因此惹恼了农场的主人。在愤怒的农场主和猎狗的围攻下，原本幸福的一家顷刻间失去了狐狸爸爸疤脸。很快，灾难再次降临，三只小狐狸被人残忍地杀死，剩下的那只小狐狸则被人抓到了农场里。维克森忍住巨大的悲痛，努力解救自己被困的孩子。每次冒险到农场去时，它都会用尽各种办法想把铁链弄断，但无论怎样努力，铁链始终还是牢牢地拴在小狐狸的脖子上。在万般无奈的情况下，绝望的维克森做出了令人惊诧的决定——给小狐狸带去了有毒的鸡头。它认为这样做，才会给孩子一种完完全全的自由，保留一份生命的尊严。亲手毒死自己的孩子，这对母亲来说，是多么艰难而又痛苦的选择啊！文章前半部分极其细致地描写了狐狸妈妈想尽一切办法，付出了极大的努力去解救自己的孩子，让每一位读者都会发出感叹：它们的爱真的并不比我们人类少啊！可是当它发现这一切都是徒劳的时候，又毅然选择了结束小狐狸的生命，让我们不禁与它一同伤心，一同落泪。这个悲剧的结局是震撼人心的，但也许就因为这个结尾是悲惨的，才更能让我们深入思考生命的意义、母爱的含义吧。

表现手法

一般小说的结尾有以下几种。

1. 出人意料的结尾

内容上，它使平淡的故事情节陡然生出波澜，如石破天惊，猛烈撞击读者的心灵，产生震撼人心的力量。在结构上，它与前文的伏笔相照应，使人觉得又在情理之中。

2. 令人伤感的悲剧结尾

从主题上看，能更好地深化主题。从表现人物性格上看，能更好地塑造人物性格。这种结局令人感动，令人回味，引人思考。

3. 令人喜悦的大团圆结尾

从表达效果看，小说的喜剧结局给读者留下了广阔的想象空间，耐人寻味。从阅读者的情感体验看，喜剧性的结尾与主人公、作者的意愿构成和谐的一体，给人以欣慰、愉悦之感。从主题上看，这样的结局可以凸显积极的意义。

4. 戛然而止，留下空白的结尾

留下了空白给读者想象，让读者进行艺术再创造。

我们不难发现，很多动物小说的结尾都是悲剧性的。鲁迅先生说:"悲剧将人生的有价值的东西毁灭给人看。"正因为你目睹了"有价值的东西"的毁灭,所以内心便会被震撼。在文学史上,但凡最优秀的作品几乎无一例外是悲剧!悲剧就是指主体在遭遇到苦难、毁灭时所表现出来的求生欲望、旺盛的生命力的最后迸发以及自我保护能力的最大发挥,也就是所显示出的超常的抗争意识和坚毅的行动意志。悲剧的目的是净化情感、陶冶人的品性。亚里士多德认为,悲剧主人公的厄运是由于他的"过失"引起的,主人公不应该因此遭殃而遭了殃,所以才引起众人的怜悯之情。之所以会怜悯就是因为我们和悲剧的主人公差不多,正是因为差不多,所以害怕悲剧的主人公经历的事情会在自己的身上重演而发起一种共鸣。

拓展阅读

灰熊华普(节选)

死亡谷就在前方,它摇晃着身体向前走,来到入口处的岩块旁边时,看见一只秃鹰飞下来,想吃谷底的动物尸体,可是连一口也没吃,就睡在动物的尸体上了。

华普站在岩块边,长长的白胡须迎风摇曳,死亡的气味不断地钻进它的鼻子,令它有一股不可思议的沉醉感觉,而它的体内正需要这种感觉。它麻痹了华普的痛楚,要使它安然入睡,它多么需要这种沉醉呀!

华普回头看去,视线所及的地方曾是它的属地。在那个它凭一己之力所建立的王国,它曾过了一段很长很长逍遥自在的生活。在那段日子里,从没有人敢在属地内和它正面冲突,因为它是这王国的国王啊!

世界上再没有一个比这里更美丽、更可爱的地方了,虽然华普不懂得如何欣赏景色，但是它明白，这是个让它住得舒服的地方，可惜现在已经不再属于它了。它失去了力气，也失去了斗志，它只想追求一个能让自己安息的地方。

> 此时此刻，华普再去看自己创建的王国，回味自己荣耀的一生。

这里有一条路可以通到修甸山脉的野生动物保护区，但那是一趟很遥远、很漫长的旅程，到底能不能走完还是个问题，更何况到那里之后，是否真的就能获得一个安息的地方呢？既然如此，又有什么理由非去不可？

华普再仔细看看这个小山谷，这里有它想要的东西，它在这里一定能够安眠，而且它最信任的鼻子也对它说："你要追寻的地方就在这里啊！"

华普在山谷的入口处站了一会儿，迎面的风吹来了死亡的气味，渗入它的鼻子，渐渐地在它体内发生作用。在华普的一生中，有五种力量保护着它，使它坚强地活着，这五种力量是视觉、听觉、味觉、触觉、嗅觉。现在，连它最信任的嗅觉也快失去作用了。

华普愣愣地站着，纳闷它一辈子信赖的嗅觉为什么一句话也不说，为什么不再指引它？又为什么任由另外那股奇异的力量来催促它进入谷里？

这是什么样的力量？是万物之主派遣的天使，站在小小的山谷间，召唤着华普。

华普当然不认识这个天使，更不知道这是天使所传的旨意。天使的眼睛含着泪，嘴唇浮出怜悯的微笑，召唤华普进入谷里。

> 故事结束了，但是我的心潮却不能平复，我要把自己的想法写下来。

华普不知哪来的勇气，像昔日那样跛着脚进入小山谷。高高的岩缝中不断倾泻下带有死亡臭味的天然瓦斯，弥漫在它的周围。它慢慢地躺在没有草木的大岩石上，一会儿就迷迷糊糊地进入了梦境。

很早很早以前,和兄弟们一起在格来布河玩、一起睡在妈妈怀里的往事,一幕幕浮现在它的眼前。

就这样,它带着微笑静静地长眠了。

阅读思考

1. 这两篇动物小说的结局是悲壮的,我想把我内心的感受写下来。
2. 在阅读这两篇动物小说时,一定有一些描写触动了你的内心,请把相关句子抄写下来吧!

动物小说推荐

《鸡王》《撞笼的金雕》《雪豹悲歌》

在课外阅读中,我还发现(　　　　)也是悲壮的结局,我要多读一读,好好体会。

古典名著阅读

1 品读《红楼梦》中的诗词

中国有着几千年的文化积淀,传统文化源远流长,博大精深。在浩如烟海的优秀传统文化中,诗词一直闪烁着璀璨的光芒,是中华灿烂文化中的瑰宝。我国古典名著中也有很多诗词,《红楼梦》中的诗词更是堪称经典,值得我们细细品读。我们在阅读时,不但要品味诗词本身的含义,更要揣摩其在作品中的作用,这样有助于我们理解著作。

文本课例

红楼梦·好了歌

世人都晓神仙好，惟有功名忘不了！
古今将相在何方？荒冢一堆草没了。
世人都晓神仙好，只有金银忘不了！
终朝只恨聚无多，及到多时眼闭了。
世人都晓神仙好，只有姣妻忘不了！
君生日日说恩情，君死又随人去了。
世人都晓神仙好，只有儿孙忘不了！
痴心父母古来多，孝顺儿孙谁见了？

红楼梦·好了歌注（节选）

陋室空堂，当年笏满床；衰草枯杨，曾为歌舞场。
蛛丝儿结满雕梁，绿纱今又糊在蓬窗上。
说什么脂正浓、粉正香，如何两鬓又成霜？
昨日黄土陇头送白骨，今宵红灯帐底卧鸳鸯。
金满箱，银满箱，展眼乞丐人皆谤。

主旨解析

我国古典小说，自唐传奇开始，往往在故事情节需要渲染、铺张或表示感慨、咏叹之处，加几首诗词或一段赞赋骈文以增强效果。《红楼梦》中的诗词更是兼收"众体"。《好了歌》深化主题思想，表达作者观点。《好了歌注》则在开篇造成一种"忽荣忽枯、忽丽忽朽"的险恶气氛，这也是对荣、宁二府兴衰机遇的一种暗示。

表现手法

借诗词表达作者观点，深化主题思想。作者借诗词很隐晦地表达观点，反映现实。如《葬花吟》中透露出来的是中国文人对命运和死亡的焦虑。林黛玉是文人，象征着中国历史上那些正直、孤傲、聪慧而怀才不遇的文人。从《葬花吟》中我们听到了曹雪芹焦虑、痛苦的呼唤。

拓展阅读

红楼梦·枉凝眉

一个是阆苑仙葩，一个是美玉无瑕。

若说没奇缘，今生偏又遇着他；若说有奇缘，如何心事终虚化？

一个枉自嗟呀，一个空劳牵挂。

一个是水中月，一个是镜中花。

想眼中能有多少泪珠儿，怎经得秋流到冬尽，春流到夏！

> 《红楼梦》表现的主题之一正是贾宝玉和林黛玉的爱情悲剧。

阅读思考

1. 《枉凝眉》中，你对哪一句最感兴趣？
2. 读一读《三国演义》《水浒传》《西游记》的开篇诗词，你体会到了什么？
3. 读一读《红楼梦》中的判词，品味其中的寓意。

古典名著推荐

1. 读一读《红楼梦》的判词，试着揣摩人物性格及命运。
2. 读《红楼梦》第二十二回中的灯谜诗，理解其中的寓意。
3. 阅读《三国演义》《水浒传》《西游记》中的古诗词，品读它们的作用。

课外阅读中，我还发现（　　　　）中也出现了古诗词，我要多读一读，好好体会。

2 环境描写

　　环境描写是指对人物所处的具体的社会环境和自然环境的描写。在小说中，环境是三要素之一，它与人物的表现、心情、身份、时代相适应，影响着人的思想、行动，同人的生活、命运有着血肉相连的关系。

文本课例

红楼梦·第十七回（节选）

忽抬头看见前面一带粉垣，里面数楹修舍，有千百竿翠竹遮映。众人都道："好个所在！"于是大家进入，只见入门便是曲折游廊，阶下石子漫成甬路。上面小小两三间房舍，一明两暗，里面都是合着地步打就的床几椅案。从里间房内又得一小门，出去则是后院，有大株梨花兼着芭蕉。又有两间小小退步。后院墙下忽开一隙，得泉一派，开沟仅尺许，灌入墙内，绕阶缘屋至前院，盘旋竹下而出。

> 这是作者对大观园中黛玉所居住的潇湘馆的描写。寄人篱下的生活，使黛玉养成了孤高自傲的性格，潇湘馆的环境不正适合她住吗？

红楼梦·第二十三回（节选）

林黛玉正心里盘算这事，忽见宝玉问他，便笑道："我心里想着潇湘馆好，爱那几竿竹子隐着一道曲栏，比别处更觉幽静。"宝玉听了拍手笑道："正和我的主意一样，我也要叫你住这里呢。我就住怡红院，咱们两个又近，又都清幽。"

主旨解析

《红楼梦》中对居室环境的描写，是曹雪芹先生留给后人的宝贵文学遗产中的重要组成部分。通过对作品中居室环境描写的分析，我们不仅可以从中欣赏到大观园的富丽，而且还可以由此得到传统文化方面的启发和借鉴。在《红楼梦》中，作者曹雪芹对几位主人公居住环境的描写十分细致。他通过对环境的描写，有力衬托了几位主人公的性格和思想。

表现手法

在写作中，环境描写起到了重要的作用。暗示社会环境，烘托故事氛围，给即将发生的故事奠定一种基调。推动故事情节发展，情节的发展与环境描写往往是相互依存、相互制约的，环境描写要以情节为依据，情节的发展也离不开环境的描写。环境描写还可以衬托人物形象。

拓展阅读

红楼梦·第三回（节选）

一时黛玉进了荣府，下了车。众嬷嬷引着，便往东转弯，穿过一个东西的穿堂，向南大厅之后，仪门内大院落，上面五间大正房，两边厢房鹿顶耳房钻山，四通八达，轩昂壮丽，比贾母处不同。黛玉便知这方是正经正内室，一条大甬路，直接出大门的。进入堂屋中，抬头迎面先看见一个赤金九龙青地大匾，匾上写着斗大的三个大字，是"荣禧堂"，后有一行小字"某年月日，书赐荣国公贾源"，又有"万几宸翰之宝"。大紫檀雕螭案上，设着三尺来高青绿古铜鼎，悬着待漏随朝墨龙大画，一边是金蜼彝，一边是玻璃盉。地下两溜十六张楠木交椅，又有一副对联，乃乌木联牌，镶着錾银的字迹，道是："座上珠玑昭日月，堂前黼黻焕烟霞。"下面一行小字，道是："同乡世教弟勋袭东安郡王穆莳拜手书"。

> 从对荣禧堂的描写中你能体会到什么？

水浒传·第六十四回（节选）

其时正是仲冬天气，时候正冷，连日彤云密布，朔风乱吼。宋江兵到，索超直至飞虎峪下寨，次日引兵迎敌。宋江引前部吕方、郭盛，上高阜处看关胜厮杀。三通战鼓罢，关胜出阵。

……

次日，索超亲引一支军马，出城冲突。吴用见了，便教军校迎敌戏战，他若追来，乘势便退。此时索超又得了这一阵，欢喜入城。当晚彤云四合，纷纷雪下，吴用已有计了。暗差步军去北京城外，靠山边河路狭处，掘成陷坑，上用土盖。是夜雪急风严，平明看时，约有二尺深雪。城上望见宋江军马，各有惧色，东西栅立不定。索超看了，便点三百军马，就时追出城来。宋江军马四散奔波而走。却教水军头领李俊、张顺身披软战，勒马横枪，前来迎敌。却才与索超交马，弃枪便走，特引索超奔陷坑边来。这里一边是路，一边是涧。李俊弃马跳入涧中去了，向着前面，口里叫道："宋公明哥哥快走！"索超听了，不顾身体，飞马抢过阵来。山背后一声炮响，索超连人和马掉了下去。

> 这里使用景物描写，对人物性格和命运起到（　　）的作用。

阅读思考

1. 《红楼梦》中作者对荣禧堂的描写，你能从中品出些什么？
2. 《水浒传》第六十四回中的环境描写起到了哪些作用？

古典名著推荐

1. 《红楼梦》中还有哪些对人物住处的描写？找出来读一读，品一品。
2. 《水浒传·景阳冈武松打虎》中对风的描写。
3. 《水浒传·智取生辰纲》中对环境的描写。

阅读古典名著时，我还发现（　　　　）也出现了环境描写，我要多读一读，好好体会。

3 连锁、曲折的故事情节

　　《西游记》是中国第一部浪漫主义章回体长篇小说。《西游记》在人物形象塑造上有一个明显的特点，就是动物的形态、神魔的法力和人的精神三者有机地融为一体。它还善于通过复杂、尖锐的矛盾和连锁、曲折的故事情节来表现人物性格特点。

文本课例

西游记·三打白骨精

一天，唐僧师徒四人来到一座高山前，只见山势险峻，峰岩重叠。走了一天的路，唐僧感觉饥饿，就让孙悟空去找些吃的。悟空跳上云端，四处观看，见南山有熟透的山桃，便要摘些来给师父充饥。

悟空刚走，唐僧就被妖怪白骨精发现了。白骨精不胜欢喜，自言自语道："造化！造化！都说吃了唐僧肉可以长生不老。今天机会来了！"它正要上前，见唐僧身边有猪八戒和沙僧保护，就摇身变作美貌的村姑，拎了一罐斋饭，径直走到唐僧面前，说是特地来请他们用斋的。唐僧一再推辞，八戒嘴馋，夺过罐子就要动口。

正在这时，悟空从南山摘桃回来，睁开火眼金睛一看，认出村姑是个妖精，举起金箍棒当头就打。唐僧连忙扯住悟空。悟空说："它是个妖精，是来骗你的。"说着，就朝妖精劈脸一棒。妖精扔下一具假尸首，化作一缕轻烟逃走了。

唐僧责怪悟空无故伤人性命。悟空打开罐子，从里面跳出来几只青蛙、癞蛤蟆，根本没有什么斋饭。唐僧这才有些相信那村姑是妖怪。

师徒们吃了桃子继续赶路。山坡上闪出一个年满八旬的老妇人，手拄着弯头竹杖，一步一声地哭着走来。悟空见又是那妖精变的，也不说话，当头就是一棒。白骨精见棍棒落下，又用法术脱了身，丢了具假尸首在路上。

唐僧一见，惊得从马上摔下来，坐在地上，不由分说，一口气念了二十遍紧箍咒。悟空头痛难忍，连忙哀告。唐僧喝道："你为何不听劝说，把人打死一个，又打死一

> 这段描写中出现了连锁、曲折的故事情节，请同学们细心品读。

个?""它是妖精!"唐僧非常生气:"胡说!哪有那么多妖精!你无心向善,有意作恶,你去吧!"悟空说:"师父若真不要我,就请退下我头上的金箍儿!"唐僧大惊:"我只学过紧箍咒,却没有什么松箍咒!"悟空说:"若无松箍咒,你还带我走吧。"唐僧无奈:"我再饶你这一次,但不可再行凶了。"悟空忙点头答应,扶着唐僧上了马,继续前行。

白骨精不甘心就这样让唐僧走了,又变成一个白发老公公,假装来找他的妻子和女儿。悟空把金箍棒藏在身边,走上前迎着妖精,笑道:"你瞒得了别人,瞒不过我!我认得你这个妖精。"悟空抽出金箍棒,怕师父念咒语,没有立刻动手,暗中叫来众神,吩咐道:"这妖精三番两次来蒙骗我师父,这一次定要打死它。你们在半空中作证。"众神都在云端看着。悟空抡起金箍棒,一棒打死了妖精。妖精化作一堆骷髅,脊梁上有一行字,写着"白骨夫人"。

主旨解析

《西游记·三打白骨精》是人物刻画十分典型的例子。虽然都是一棒打死白骨精,但细细品读,"三打"也有不同。一打劈脸一棒,二打当头一棒,三打请神作证,一棒打死。从用三种不同的方式打死白骨精,不难看出孙悟空越打越坚决,让读者真正了解孙悟空是这般嫉恶如仇,人物性格便得以突显。由此我们发现,通过相同剧情,设置巧妙、曲折的差异安排,层层推进式地描绘出人物的性格特点,可以使人物形象更加鲜明,情节更加引人入胜。

表现手法

在《西游记》中,作者运用浪漫主义的创作方法,描绘了一个完整、生动的神话世界,构思了为数众多、引人入胜的奇闻逸事,塑造了鲜明、生动的人物形象，反映了我国古代人民的社会生活情景。

1. 想象大胆奇妙

作为《西游记》中主要人物的孙悟空，作者将其乐观大胆、敢于斗争的性格，与神的变幻莫测、猴的急躁敏捷和谐地融为一体。

2. 描写曲折精妙

《西游记》在塑造人物形象方面不仅大胆地发挥自己的想象力，而且充分运用讽刺等艺术手法，使人物形象更加鲜明、真实、生动、具体。

拓展阅读

西游记·大闹天宫（节选）

真个光阴迅速，不觉七七四十九日，老君的火候俱全。忽一日，开炉取丹。那大圣双手捂着眼，正自揉搓流涕，只听炉头声响。猛一睁眼睛看见光明，他就忍不住，将身一纵，跳出丹炉，唿喇一声，蹬倒八卦炉，往外就走。慌得那架火、看炉与丁甲一班人来扯，被他一个个都放倒，好似癫痫的白额虎，风狂的独角龙。老君赶上抓一把，被他一摔，摔了个倒栽葱，脱身走了。即去耳中掣出如意棒，迎风幌一幌，碗来粗细，依然拿在手中，不分好歹，却又大乱天宫，打得那九曜星闭门闭户，四天王无影无形。

> 在这部分的描写中，也出现了曲折的故事情节。

这一番，那猴王不分上下，使铁棒东打西敌，更无一神可挡。只打到通明殿里，灵霄殿外。幸有佑圣真君的佐使王灵官执殿。他见大圣纵横，掣金鞭近前挡住道："泼猴何往！有吾在此，切莫猖狂！"这大圣不由分说，举棒就打。那灵官鞭起相迎。两个在灵霄殿前厮浑一处。

他两个斗在一处，胜败未分。早有佑圣真君，又差将佐发文到雷府，调三十六员雷将齐来，把大圣围在垓心，各骋凶恶鏖战。那大圣全无一毫惧色，使一条如意棒，左遮右挡，后架前迎。一时，见那众雷将的刀枪剑戟、鞭简挝锤、钺斧金瓜、旄镰月铲，来的甚紧，他即摇身一变，变做三头六臂；把如意棒幌一幌，变作三条；六只手使开三条棒，好便似纺车儿一般，滴流流，在那垓心里飞舞，众雷神莫能相近。

阅读思考

1. 课外阅读《西游记》，哪个故事给你留下了深刻的印象？为什么？
2. 把自己感兴趣的故事讲给别人听听可以吗？你也可以从中再次感受故事情节的曲折、离奇。
3. 你喜欢故事中的哪个人物？他的性格特点又是怎样的呢？

古典名著推荐

《聊斋志异》《三国演义》《红楼梦》《水浒传》《三侠五义》《世说新语》

我在课外阅读中，还发现（　　　）中有不少奇妙、曲折、紧张的故事情节，我要细细品读重点细节的描写，静心认真体会。

4 细节描写塑造人物形象

　　细节描写就是对文章中细小的环节或情节进行生动细致的描绘，它具体渗透在对人物、景物或者场面的描写之中，是写作中必不可少的艺术手法。

　　成功的细节描写成就一部艺术作品，令读者难以忘怀。《水浒传》杰出的艺术成就集中地表现在英雄人物的塑造上。《水浒传》这部经典名著中塑造的不是一个或两个英雄人物，而是一系列性格鲜明、光彩夺目的英雄群体。这本书中人物塑造的突出艺术特色，在于生动细腻而意蕴丰富的细节描写。

文本课例

水浒传·景阳冈武松打虎（节选）

这武松提了梢棒，大着步自过景阳冈来。约行了四五里路，来到冈子下，见一大树，刮去了皮，一片白，上写两行字。武松也颇识几字，抬头看时，上面写道："近因景阳冈大虫伤人，但有过往客商，可于巳、午、未三个时辰，结伙成队过冈。请勿自误。"武松看了，笑道："这是酒家诡诈，惊吓那等客人，便去那厮家里宿歇。我却怕甚么！"横拖着梢棒，便上冈子来。那时已有申牌时分，这轮红日，厌厌地相傍下山。武松乘着酒兴，只管走上冈子来。走不到半里多路，见一个败落的山神庙。行到庙前，见这庙门上贴着一张印信榜文，武松住了脚读时，上面写道：

"阳谷县示：为这景阳冈上新有一只大虫，近来伤害人命，见今杖限各乡里正并猎户人等，打捕未获。如有过往客商人等，可于巳、午、未三个时辰，结伴过冈。其余时分及单身客人，白日不许过冈，恐被伤害性命不便。各宜知悉。"

> 一边读一边画出描写武松的语言和动作的句子，细细体会这样写的好处。

武松读了印信榜文，方知端的有虎。欲待发步再回酒店里来，寻思道："我回去时，须吃他耻笑，不是好汉，难以转去。"存想了一回，说道："怕甚么！且只顾上去，看怎地！"武松正走，看看酒涌上来，便把毡笠儿背在脊梁上，将梢棒绾在肋下，一步步上那冈子来。回头看这日色时，渐渐地坠下去了。此时正是十月间天气，日短夜长，容易得晚。武松自言自说道："那得甚么大虫！人自怕了，不敢上山。"武松走了一直，酒力发作，焦热起来，一只手提着梢棒，一只手把胸膛前衵开，踉踉跄跄，直奔过乱树林来。见一块光挞挞大青石，把那梢棒倚在一边，放翻身体，却待要睡，只见发起一阵狂风来。

　　原来但凡世上云生从龙，风生从虎。那一阵风过处，只听得乱树背后扑地一声响，跳出一只吊睛白额大虫来。武松见了，叫声："呵呀！"从青石上翻将下来，便拿那条梢棒在手里，闪在青石边。那个大虫又饥又渴，把两只爪在地下略按一按，和身望上一扑，从半空里撺将下来。武松被那一惊，酒都做冷汗出了。说时迟，那时快，武松见大虫扑来，只一闪，闪在大虫背后。那大虫背后看人最难，便把前爪搭在地下，把腰胯一掀，掀将起来。武松只一躲，躲在一边。大虫见掀他不着，吼一声，却似半天里起个霹雳，振得那山冈也动；把这铁棒也似虎尾倒竖起来，只一剪，武松却又闪在一边。原来那大虫拿人，只是一扑，一掀，一剪，三般提不着时，气性先自没了一半。那大虫又剪不着，再吼了一声，一兜兜将回来。<u>武松见那大虫复翻身回来，双手轮起梢棒，尽平生气力，只一棒，从半空劈将下来。只听得一声响，簌簌地将那树连枝带叶劈脸打将下来。定睛看时，一棒劈不着大虫。原来慌了，正打在枯树上，把那条梢棒折做两截，只拿得一半在手里。</u>那大虫咆哮，性发起来，翻身又只一扑，扑将来。武松又只一跳，却退了十步远，那大虫却好把两只前爪搭在武松面前。<u>武松将半截棒丢在一边，两只手就势把大虫顶花皮胳膊地揪住，一按按将下来。</u>那只大虫急要挣扎，早没了气力，被武松尽气力纳定，那里肯放半点儿松宽。武松把只脚望大虫面门上、眼睛里只顾乱踢。那大虫咆哮起来，把身底下扒起两堆黄泥，做了一个土坑。武松把那大虫嘴直按下黄泥坑里去，那大虫吃武松奈何得没了些气力。武松把左手紧紧地揪住顶花皮，偷出右手来，提起铁锤般大小拳头，

> 画横线的句子是武松的动作描写，这样的句子还有吗？请用线画一画，读一读。

尽平生之力，只顾打。打得五七十拳，那大虫眼里、口里、鼻子里、耳朵里都迸出鲜血来。那武松尽平昔神威，仗胸中武艺，半歇儿把大虫打做一堆，却似躺着一个锦布袋。

主旨解析

《水浒传·景阳冈武松打虎》通过对动作、语言、心理的描写，塑造了武松这一重要人物形象。《水浒传·景阳冈武松打虎》这一故事的细节描写，让读者感受到武松的性格特点：崇尚忠义、勇而有谋、有仇必复、有恩必报。他是英雄好汉中具有血性和传奇色彩的人物。

表现手法

《水浒传》的细节描写成功塑造了人物形象。小说的细节描写主要有这些特征：通过丰富生动的细节描写，贴近自然地塑造了既有典型意义又具有个性的人物性格，借细处表现人物性格的全貌；能够以大量真实的生活细节来塑造人物形象，使人物的思想性格不仅理想化，而且贴近生活。

《水浒传》中的一百单八将个个都有自己的相貌、语言、性格、气质。这正是因为，施耐庵在浓墨重彩地描绘惊心动魄的故事的同时，也极其注重细节描写。因此，他描绘的人物性格鲜明，极具真实感，易于被读者所认同。细节描写的范围很广泛，它的作用也是多方面的，但主要还是刻画人物性格，塑造人物形象，表述人物内心世界。一个个传神的细节犹如人体的细胞，没有了它，人就失去了生命；文章少了细节，人物形象就失去了血肉和神采。

《水浒传》之所以成为名著，不仅因为它长于通过生动紧张、引人入胜的故事情节来表现尖锐、激烈的社会冲突，将一些大事件和大场面描绘得有声有色、富有传奇色彩,而且在艺术表现上也具有精细、缜密的特色,特别是作者在细节描写上独具匠心:通过多层次的细节描写,创造了具有典型意义的人物形象,并透过人物形象灌注自己的思想,为作品奠定思想性的基础,升华了主题。

拓展阅读

水浒传·鲁智深倒拔垂杨柳

话说那酸枣门外三二十个泼皮破落户中间,有两个为头的,一个叫做过街老鼠张三,一个叫做青草蛇李四。这两个为头接将来,智深也却好去粪窖边,看见这伙人都不走动,只立在窖边,齐道:"俺特来与和尚作庆。"智深道:"你们既是邻舍街坊,都来廨宇里坐地。"张三、李四便拜在地上,不肯起来,只指望和尚来扶他,便要动手。智深见了,心里早疑忌道:"这伙人不三不四,又不肯近前来,莫不要洒家?那厮却是倒来捋虎须,俺且走向前去,教那厮看洒家手脚。"

智深大踏步近前,去众人面前来。那张三、李四便道:"小人兄弟们特来参拜师父。"口里说,便向前去,一个来抢左脚,一个来抢右脚。智深不等他占身,右脚早起,腾的把李四先踢下粪窖里去。张三恰待走,智深左脚早起,两个泼皮都踢在粪窖里挣挫。后头那二三十个破落户,惊的目睁痴呆,都待要走,智深喝道:"一个走的,一个下去!两个走的,两个下去!"众泼皮都不敢动掸。只见那张三、李四在粪窖里探起头来。原来那座粪窖没底似深,两个一身臭屎,头发上蛆虫盘满,立在粪窖里,叫道:"师父,饶恕我们!"智深喝道:"你那众泼皮,快扶那鸟上来,

> 在这篇文章中也出现了很多细节描写,如对人物的语言、动作描写。在文中找一找、画一画、读一读。

我便饶你众人。"众人打一救,挽到葫芦架边,臭秽不可近前。智深呵呵大笑道:"兀那蠢物,你且去菜园池子里洗了来,和你众人说话。"两个泼皮洗了一回,众人脱件衣服与他两个穿了。

智深叫道:"都来廨宇里坐地说话。"智深先居中坐了,指着众人道:"你那伙鸟人,休要瞒洒家,你等都是什么鸟人,来这里戏弄洒家?"那张三、李四并众伙伴一齐跪下,说道:"小人祖居在这里,都只靠赌博讨钱为生。这片菜园是俺们衣饭碗,大相国寺里几番使钱要奈何我们不得。师父却是那里来的长老?恁的了得!相国寺里不曾见有师父。今日我等愿情伏侍。"智深道:"洒家是关西延安府老种经略相公帐前提辖官,只为杀的人多,因此情愿出家,五台山来到这里。洒家俗姓鲁,法名智深。休说你这三二十个人直什么,便是千军万马队中,俺敢直杀的入去出来!"众泼皮喏喏连声,拜谢了去。智深自来廨宇里房内,收拾整顿歇卧。

次日,众泼皮商量,凑些钱物,买了十瓶酒,牵了一个猪,来请智深。都在廨宇安排了,请鲁智深居中坐了,两边一带坐定那二三十泼皮饮酒。智深道:"什么道理,叫你众人们坏钞。"众人道:"我们有福,今日得师父在这里,与我等众人做主。"智深大喜。吃到半酣里,也有唱的,也有说的,也有拍手的,也有笑的。正在那里喧哄,只听得门外老鸦哇哇的叫。众人有扣齿的,齐道:"赤口上天,白舌入地。"智深道:"你们做什么鸟乱?"众人道:"老鸦叫,怕有口舌。"智深道:"那里取这话!"那种地道人笑道:"墙角边绿杨树上新添了一个老鸦巢,每日只咶到晚。"众人道:"把梯子去上面折了那巢便了。"有几个道:"我们便去。"智深也乘着酒兴,都到外面看时,果然绿杨树上一个老鸦巢。众人道:

> 《水浒传》中还有许多故事也是通过具体的细节描写,刻画了不同的人物形象。快去细细品读吧!

"把梯子上去折了,也得耳根清净。"李四便道:"我与你盘上去,不要梯子。"智深相了一相,走到树前,把直裰脱了,用右手向下,把身倒缴着,却把左手拔住上截,把腰只一趁,将那株绿杨树带根拔起。众泼皮见了,一齐拜倒在地,只叫:"师父非是凡人,正是真罗汉!身体无千万斤气力,如何拔得起!"

阅读思考

1. 课外阅读《水浒传·鲁智深倒拔垂杨柳》这篇文章,故事中哪个细节描写给你留下了深刻的印象?
2. 画出文中描写鲁智深语言、动作、心理等细节的句子,读一读,感受细节描写对塑造人物形象的作用。
3. 你喜欢故事中的鲁智深吗?他的性格特点是怎样的呢?

古典名著推荐

《聊斋志异》《三国演义》《红楼梦》《西游记》《三侠五义》《世说新语》
我在课外阅读《水浒传》整本书时,还知道了(　　　　)这一部分也是通过具体的细节描写来塑造人物形象的,同时还了解到每个人物的性格特点各不相同。

5 绰号文化

绰号在历史中也被称为诨名,指的是人除了本身的名字之外的其他名字,而这个绰号从某种程度上来讲,与其名字一样可以成为这个人的符号。在《水浒传》中,许多人物可能不能被读者叫出名字,但是只要一提起绰号,读者就能将人与绰号对上号。书中人物众多,绰号最大的好处就是能够提炼每个人不同的特性,并且能够让整部小说的内容更丰满。

文本课例

水浒传·第七回（节选）

智深正使得活泛，只见墙外一个官人看见，喝采道："端的使得好！"智深听得，收住了手看时，只见墙缺边立着一个官人。怎生打扮？但见：头戴一顶青纱抓角儿头巾，脑后两个白玉圈连珠鬓环。身穿一领单绿罗团花战袍，腰系一条双搭尾龟背银带。穿一对磕瓜头朝样皂靴，手中执一把折叠纸西川扇子。

> 林冲的绰号叫作"豹子头"，原来是和他的长相有关啊。

那官人生的豹头环眼，燕颔虎须，八尺长短身材，三十四五年纪，口里道："这个师父端的非凡，使的好器械！"众泼皮道："这位教师喝采，必然是好。"智深问道："那军官是谁？"众人道："这官人是八十万禁军枪棒教头林武师，名唤林冲。"

> 因为和《三国演义》里张飞的外貌差不多，林冲还有一个绰号叫作"小张飞"。

主旨解析

林冲乃是八十万禁军教头，人送绰号"豹子头"，武艺高强，名满天下。在《水浒传》中，林冲的地位不可忽视，他是小说的代表性人物。在所有人看来，林冲的长相应当是非常英俊的，那林冲真的是大帅哥吗？其实，林冲不仅不是帅哥，反倒长得很吓人。

表现手法

《水浒传》是我国著名的四大名著之一。其以强烈的批判精神对北宋官场的黑暗予以斥责，并且以宋江等人被逼上水泊梁山，落草为寇为整部小说的轴心，刻画了一幅气势恢宏的古代人民反抗压迫的悲壮画卷。

1.《水浒传》人物绰号的产生

从文学体裁上来看,《水浒传》作为以白话文写成的章回体小说,不仅表达了作者对官场的厌恶,同时也塑造了诸多桀骜不驯、自由洒脱的人物形象。

2.《水浒传》人物绰号的艺术特色

从艺术特色上来讲,绰号本身就是宋元时期民间社会文化的一种积淀。它将人物的性格、特征、身份、职业等进行融合、提炼,进而呈现出一种社会文化特征。正是这些绰号的存在,才让《水浒传》中的诸多人物更加鲜活和丰满。

拓展阅读

水浒传·第四回(节选)

皂直裰背穿双袖,青圆绦斜绾双头。鞘内戒刀,藏春冰三尺;肩头禅杖,横铁蟒一条。鹭鸶腿紧系脚绷,蜘蛛肚牢拴衣钵。嘴缝边攒千条断头铁线,胸脯上露一带盖胆寒毛。生成食肉餐鱼脸,不是看经念佛人。

> 鲁智深的绰号叫作"花和尚",我从这几句话中看出了端倪。

水浒传·第十二回(节选)

话说林冲打一看时,只见那汉子头戴一顶范阳毡笠,上撒着一把红缨,穿一领白段子征衫,系一条纵线绦,下面青白间道行缠,抓着裤子口,獐皮袜,带毛牛膀靴,跨口腰刀,提条朴刀,生得七尺五六身材,面皮上老大一搭青记,腮边微露些少赤须,把毡笠子掀在脊梁上，坦开胸脯，带着抓角儿软头巾，挺手中朴刀，高声喝道："你那泼贼，将俺行李财帛那里去了？"

> 杨志的绰号是"青面兽"，你是从哪句话看出来的？

阅读思考

1. 你知道"花和尚"这个绰号是怎么来的吗？
2. 你从"花和尚"这个绰号看出鲁智深是一个怎样的形象？哪些情节可以体现出来？
3. 如果让你把杨志的绰号更改一下，使之也能反映出其形象特点，你会改成什么？
4. 根据你的研究，你认为众好汉的绰号有何意义？

古典名著推荐

1. 结合"陆虞候火烧草料场""林冲水寨大并火"等经典情节，再读林冲的形象。
2. 读《水浒传》第十四回，体会吴用的形象。
3. 《水浒传》第六十一回，体会燕青和卢俊义的形象。
   在课外阅读中，我还发现（　　　）也出现了和绰号有关的内容，我要多读一读，好好体会。

6 礼仪文化

礼,既能够在社会层面上为国家实现长治久安提供思想基础,又能够促使家庭中形成尊卑有序的关系,实现中国古代社会追求的修齐治平的理想。因此,礼仪文化在国家、家庭层面都具有非常重要的意义。

文本课例

红楼梦·第五十二回（节选）

宝玉慢慢地上了马，李贵和王荣笼着嚼环，钱启周瑞二人在前引导，张若锦、赵亦华在两边紧贴宝玉后身。宝玉在马上笑道："周哥，钱哥，咱们打这角门走罢，省得到了老爷的书房门口又下来。"周瑞侧身笑道："老爷不在家，书房天天锁着的，爷可以不用下来罢了。"宝玉笑道："虽锁着，也要下来的。"钱启李贵等都笑道："爷说的是。便托懒不下来，倘或遇见赖大爷林二爷，虽不好说爷，也劝两句。有的不是，都派在我们身上，又说我们不教爷礼了。"周瑞钱启便一直出角门来。

> 这里体现了贾宝玉对父亲的孝顺。

主旨解析

礼仪文化在宁、荣二府有着集中的体现。《红楼梦》一书多次出现"礼"字，礼文化在维护贾府的人际关系、处理相关事务方面扮演了非常重要的角色。可以说，礼文化建设得好，贾府自然可以兴；如果礼文化日趋败落，那么贾府的败落也就日渐临近了。

表现手法

1. 日常生活礼

不管是出行还是吃饭的座次，贾府日常生活中的礼仪非常多。虽然如此，但是在正式场合，贾府能够保证没有一个人出差错，原因就在于贾府在日常生活中有着一整套的礼仪规定，来确保每个人都能做自己该做的事情。我们可以通过书中相关的描写来了解贾府人们的生活礼仪。

2. 长幼有序，尊卑有别

贾府实行"男主外、女主内"的模式。以荣国府为例，管家大权由王熙凤掌握，但是很多情况下，贾母依然占据着重要地位。除此之外，同辈之间也有规矩。例如宝玉是兄长，对犯了错的贾环可以斥责，这是因为古代奉行"兄友弟恭"，兄长可以教训弟弟，弟弟若是反抗，就是失了礼。

《红楼梦》中各个人物的行为都反映了当时的礼文化，有着十分鲜明的时代特色。如今提倡建立一个和谐的社会，其本质就是要人人遵礼、讲礼。虽然时代不同，但是《红楼梦》中有很多礼仪是需要我们学习的，比如尊重长辈等。

拓展阅读

红楼梦·第二十三回（节选）

贾政一举目，见宝玉站在跟前，神彩飘逸，秀色夺人；看看贾环，人物委琐，举止荒疏；忽又想起贾珠来，再看看王夫人只有这一个亲生的儿子，素爱如珍，自己的胡须将已苍白：因这几件上，把素日嫌恶处分宝玉之心不觉减了八九。半晌说道："娘娘吩咐，说你日日外头嬉游，渐次疏懒，如今叫禁管，同你姊妹在园里读书写字。你可好生用心习学，再如不守分安常，你可仔细！"宝玉连连答应了几个"是"。王夫人便拉他在身旁坐下。他姊弟三人依旧坐下。

> 从哪里可以看出宝玉对长辈很恭敬？
> 从哪里可以看出妹妹们对宝玉很友爱？

阅读思考

1. 文章哪里体现了"父慈子孝"？
2. 文章哪里体现了"兄友弟恭"？
3. 这几篇文章还体现了哪些传统礼仪？

古典名著推荐

1. 读《红楼梦》第二十二回，体会尊长之礼。
2. 读《水浒传》第三回，体会待客之礼。

在课外阅读中，我还发现（　　　　）中也出现了和礼仪有关的内容，我要多读一读，好好体会。

外国小说阅读

1 小人物 大剧场

人物是小说的核心，他们的性格会对小说的发展起决定作用，人物的描写有很重要的作用。小说有三个要素：人物、故事情节、环境。人物是小说的核心，情节是小说的骨架，环境是小说的依托。小说中的人物是复杂的，主要由主人公和配角构成。小说中人物形象的塑造方法包括肖像、心理、行动、语言、细节等方面的正面描写和侧面描写。

文本课例

归来（节选）

　　大海用它短促而又单调的波浪拍打着岸边。一朵朵白云让疾风吹送着，像鸟儿一样在蔚蓝的天空轻快地掠过。这村子，卧在一道朝大海倾斜下去的山坳里，晒着太阳。

> 小说开篇为人物的活动提供了背景。

　　马丹－莱维斯克家的房子，孤零零地立在村口的大路边。这是一座渔家住的小房子，黏土墙，茅草顶，房顶上长着一簇簇蓝蝴蝶花。房前有一方菜园子，只有手帕那么大，种着一些洋葱，几棵卷心菜，一点香芹和细叶芹。沿路边用一道篱笆把园子围起来。

　　男的出海打鱼了，女的正在房子前面织补一张褐色的大渔网。那渔网张挂在墙上，就像一个巨大的蜘蛛网。园子入口处，一个十四岁的小姑娘，坐在一张向后歪斜、后背顶着栅栏的草垫椅上缝补衣裳，一件已经补了又补的衣裳。另一个女孩，比她小一岁，怀里摇晃着一个还不会说话也不会做手势的娃儿。两个两三岁的男孩，脸对着脸，坐在地上，用笨拙的小手刨着泥土，你一把我一把地互相往脸上甩。

　　没有人说话。只有怎么哄也不睡的那个娃娃在一个劲地哭，小嗓子又尖又细。一只猫在窗台上酣睡；几棵盛开的桂竹香在墙脚构成一条白花的衬边，一群苍蝇在上面嗡嗡响着。

　　突然，在入口处做针线的小女孩喊道："妈妈！"

　　母亲回答："你又怎么啦？"

　　"那个人又来啦。"

　　她们从早上起就提心吊胆，因为有一个男人老在房子周围转来转去：那是个上了年纪的人，看上去像是一个乞丐。她们送父亲去停船的地方，帮他往船上搬渔具的时候，就看见过这个人。他当时坐在海边，面朝着她们的家门。后来，她们从海边回来的时候，她们看见他还在那里，目不转睛地看着这座房子。

他好像有病，样子很凄惨。他一动不动，足有一个多钟头；后来，见人家把他当成了坏人，他才站起来，举步维艰地走了。

可是没有过多久，她们见他拖着缓慢、疲惫的步子又走回来；而且他又坐了下来，不过这一次稍稍远一点，仿佛在窥视她们。

<u>母女几个很害怕。特别是母亲，简直心惊胆战，因为她生来就胆小，更何况她男人莱维斯克要到天黑的时候才能从海上回来。</u>

> 文中画线的文段抓住了人物的对话、动作和心理等描写，推动了故事情节的发展。

她的丈夫姓莱维斯克；她呢，人们叫她马丹，所以大家都合称他们为马丹-莱维斯克。这里面有个缘由：她头婚嫁了一个姓马丹的水手，他每年夏季都到纽芬兰岛去捕鳕鱼。结婚两年以后，她给他生了一个女儿；当载着她丈夫的那条大船，也就是第埃普的三桅渔船"两姐妹"号失踪时，她已经又怀有六个月的身孕。从那以后就再也没有这条船的消息，登上这艘船的水手也没有一个回来的，人们便认为是连人带货都遭难了。

马丹大嫂等了她丈夫十年，她千辛万苦地拉扯大两个孩子。后来，由于她勤劳善良，一个姓莱维斯克的本乡渔夫，妻子死了，独自一人带着个儿子，向她求婚。她嫁给了他，并且在三年里跟他又生了两个孩子。

他们辛勤劳动，日子却还是过得很艰苦。面包很贵，家里几乎尝不到肉腥。冬天，在老刮大风的那几个月里，他们有时甚至得向面包店赊账。不过，孩子们倒是长得挺结实。人们都说："马丹-莱维斯克两口子，都是好样的。马丹大嫂很能吃苦；论打鱼谁也比不上莱维斯克。"

坐在栅栏旁边的那个小女孩又说:"好像他认识我们似的。也许是埃普勒维尔或者欧兹波斯克来的乞丐吧。"

但是母亲是不会看错的。不是,不是,他不是本乡人,可以肯定!

见他像个木头人似的一动不动,而且一个劲儿地盯着马丹-莱维斯克家的房子看,马丹大婶生气了;恐惧反而给了她勇气,她抄起一把铲子,走到大门外面。

"您在这儿干什么?"她冲着流浪汉大声问。

他用沙哑的声音回答:"我在乘凉呀,这不!我碍着您了吗?"

她又问:"您干吗老在我家前面伸头探脑的?"

那个人反问:"我又没碍着谁。难道在大路边坐坐也不准?"

她没话可说了,只好回到家里。

这一天过得特别慢。将近中午的时候,那个人走了。可是五点钟左右他又从门前经过。晚上没有见他再来。

天黑时莱维斯克回家了。家里人把这件事告诉他。他断定:"不是个爱打听人家闲事的人,就是个喜欢恶作剧的人。"

他无忧无虑地睡了,而他的妻子却一直想着那个游荡的人,他看她的时候,那眼神多么奇怪哟。

天亮了,刮着大风,渔夫呢,眼看不能出海了,就帮着妻子修整渔网。九点钟光景,那个出去买面包姓马丹的大女儿,连奔带跑地回来,神色慌张,惊呼道:"妈,那人又来啦!"

母亲顿时紧张得脸色煞白,对她男人说:"莱维斯克,快去对他说,别再这么老盯着我们瞅了;真的,我已经被弄得心慌意乱了。"

渔夫莱维斯克身材魁梧,红砖色的皮肤,蓄着浓密的红胡子,蓝色的眼睛黑瞳仁,粗壮的脖子上总围着一块呢布带以抵挡海上的风雨。他不慌不忙地出了家门,走到那流浪汉跟前。

他们谈起话来。母亲和孩子们远远地看着他们，忧心忡忡，直打哆嗦。突然，那陌生人站起身，跟莱维斯克一起朝他们家走过来。

马丹大婶惶恐得连连后退。她男人对她说："给他拿一点面包和一杯苹果酒来。他从前天起什么也没有吃。"说着他们俩走进屋，女人和孩子们跟随在后。那流浪汉一坐下，就在众目睽睽之下埋头吃起来。

母亲站着，打量着那个人；两个姓马丹的大女孩，背倚着门，其中的一个抱着最小的孩子，都用贪婪的目光盯着他；坐在壁炉灰上的两个男孩不再玩弄那口黑锅，似乎也想仔细看看这个外来人。

莱维斯克拉过一把椅子坐下，问他："这么说，您是从很远的地方来？"

"我是从塞特来的。"

"走着来的，是吗？"

"是的，走着来的。没有钱，只能这样。"

"您要去哪儿？"

"我就是要来这儿。"

"您在这儿有熟人吗？"

"很可能吧。"

他们都不说话了。尽管他很饿，却吃得很慢，而且每吃一口面包还要喝一口苹果酒。他的脸很憔悴，布满皱纹，十分消瘦，像是经受过很多磨难。

> 从人物的动作和外貌描写中，我们可以感受到他经历过的苦难之多。

莱维斯克突然问他："您姓什么？"

他头也不抬地回答："我姓马丹。"

母亲情不自禁地打了个寒战。她向前一步，仿佛要挨近些好好看看那流浪汉；她就这样伫立在他的面前，胳膊耷拉着，嘴张着。

谁都不再言语。最后还是莱维斯克又说:"您是本地人吗?"

他回答:"我是本地人。"

这时他终于抬起了头,女人的目光和他的目光相遇了,而且就好像互相钩住了似的,久久地互相凝视,交织在一起。

她突然开口了,不过声音都变了,变得低沉而且颤抖:"真的是你吗,俺的老公?"

他慢吞吞地说:"是啊,是我。"他并没有激动的表示,而是继续嚼他的面包。

莱维斯克有些激动,更有些惊讶,喃喃地说:"真是你吗,马丹?"

对方简单地回答:"是啊,就是我。"

第二个丈夫问:"你这是从哪儿来?"

第一个丈夫叙述道:"从非洲那边呀。我们的船触礁沉了,只有皮卡尔、瓦提奈尔和我,我们三个死里逃生。可是后来我们又让野人捉住,他们把我们扣留了十二年。皮卡尔和瓦提奈尔都死了。一个英国人路过那里,救了我,把我带到了塞特。我就这样回来啦。"

马丹大婶用围裙捂住脸,哭了起来。

莱维斯克说:"到了这时候,咱们怎么办呢?"

马丹问:"你是她的男人吗?"

"是啊,我是!"他们互相看看,都不再言语。

接着,马丹一一端详过围着他的孩子们,点头指着两个女孩子,说:"这两个是我的吧?"

莱维斯克说:"是你的。"

他没有站起来,没有拥吻她们,只是就事论事地说:"天啊,长得多么高啊!"

莱维斯克又问:"咱们怎么办呢?"

马丹心乱如麻，也不知怎么办才好。最后他还是下定决心："我嘛，我照你的意思办。我不想让你为难。不过房子的事有些讨厌。我有两个孩子，你有三个，各人的孩子归各人。孩子们的妈，是跟你，还是跟我，你想怎样我都同意。不过房子嘛，是我的，因为那是我爹给我留下的，我就是在这儿出生的，房子的纸张还在公证人那儿。"

主旨解析

本文抓住人物的对话、神态、心理等小细节，表现人物的精神风貌。作者写莱维斯克这一人物，当他得知马丹处于饥饿中时，就直接把马丹领回家，在自家并不宽裕的情况下，不仅让妻子给他面包，还拿果酒。以小事件、小人物反映大社会。女马丹是一个生活在底层的妇女，她的遭遇不仅是她的困难，也是挣扎在贫困线上的底层百姓的写照。任何一部文学作品都离不开人物，哪怕是很简短、精练的诗词也不能离开人物，可以说人物是文学作品的灵魂，没有灵魂就如同行尸走肉。人物是作家根据社会生活创造出来的，并反映一定的社会现实。了解作品中的人物，厘清其人物关系对理解文本有着巨大的作用。

表现手法

人物是对现实生活的真实反映，是作家通过形象思维，以社会生活为背景创造出来的，不受时间和空间限制的，具有永恒生命力的施动者、叙述者、行为者、作者和读者的综合。人物性格有复杂性和鲜明的个性特点。人物描写不能铺天盖地地绝对化和公式化，一定要从多个侧面、不同视角来对人物做出入情入理的描写。"恶则无往不恶，美则无一不美"，这样千篇一律。我们对文本的分析，要联系社会把握人物的个性，才能看到文本所隐藏的价值。

小说能够多角度、全方位地刻画人物，它可以凭借各种艺术手段，从各个角度对人物进行肖像描写、心理描写、语言描写、行为描写和环境描写。既能展现人物音容笑貌、言谈举止和衣着服饰等外在形态，也能呈现出人物心理和思想感情等内在活动，还能完整展现人物与环境互为作用的关系，从而塑造出丰满而成功的人物形象。小说塑造人物的方法包括肖像、心理、行动、语言、细节等方面的正面描写和侧面描写。

1. 关注人物的语言描写

语言描写是塑造人物形象的重要手段，包括人物的独白和对话。独白是反映人物心理活动的重要手段。对话可以是两个人的对话，也可以是几个人的相互交谈。描写人物的语言，不但要做到个性化，而且要体现人物说话的艺术性。成功的语言描写总是鲜明地展示人物的性格，生动地表现人物的思想感情，深刻地反映人物的内心世界，使读者"如闻其声，如见其人"。

2. 关注人物的肖像描写

肖像描写是对人物的外貌特征（主要是脸部）进行描写，通过描写人物的五官或者其不同时期的变化来揭示人物的思想和性格，表现作者的爱憎，加深读者对人物的印象，体现作者文学创作的主旨。好的肖像描写，不仅仅是用文字给我们描绘出一个人的外在形象，还应该通过人物的外在形象向我们展示出他的思想、性格和气质。

3. 关注人物的动作描写

动作描写是刻画人物的重要方法之一。动作描写就是描写人物富有特征的动作。人物的每一次行动都是受其思想、性格制约的，因此，具体细致地描写某一人物在某一情况下所作出的反应——主要是动作反应，就势必显示出这一人物的内心活动、处世态度、思想品质。成功的动作描写：（1）体现人物的身份、地位。（2）反映人物心理活动的进程。(3)表现人物的性格特征。(4)推动情节的发展。(5)照应某段落。

4. 关注人物的心理描写

心理描写就是对人物内心的思想情感活动进行描写。内心独白是常见的心理描写方式。心理描写，能展示人物的内心世界，反映人物的性格，揭示人物的思想品质。

5. 关注细节描写

细节描写是指对文学作品中的人物、环境或事件的某一局部、某一特征、某一细微事实所做的具体、深入的描写，能更细腻地展示人物的某一特征，也属于正面描写的一种。成功的细节描写能够使人物性格鲜明，活灵活现，增强内容的真实性、生动性和感染力。

6. 关注文章的侧面描写

侧面描写，又称为间接描写，是指通过环境描写来映衬，或塑造次要人物来对比、烘托所要描写的主要对象，以使其鲜明突出。侧面描写与正面描写相结合，可以丰富人物的形象，更有利于表现人物的性格。

拓展阅读

警察与赞美诗（节选）

苏比急躁不安地躺在麦迪逊广场的长凳上，辗转反侧。每当雁群在夜空中引颈高歌，缺少海豹皮衣的女人对丈夫加倍的温存、亲热，苏比在街心公园的长凳上焦躁不安、翻来覆去的时候，人们就明白，冬天已近在咫尺了。

一片枯叶落在苏比的大腿上，那是杰克·弗洛斯特的卡片。杰克对麦迪逊广场的常住居民非常客气，每年来临之前，总要打一声招呼。在十字街头，他把名片交给"户外大厦"的信使"北风"，好让住户们有个准备。

苏比意识到，该是自己下决心的时候了，马上组织单人财务委员会，以便抵御即将临近的严寒，因此，他急躁不安地在长凳上辗转反侧。苏比越冬的抱负并不算最高，他不

> 我发现这里抓住了人物苏比的（　　）描写。

想在地中海巡游，也不想到南方去晒令人昏睡的太阳，更没想过到维苏威海湾漂泊。他梦寐以求的，只要在岛上待三个月就足够了。整整三个月，有饭吃，有床睡，还有志趣相投的伙伴，而且不受"北风"和警察的侵扰。对苏比而言，这就是日思夜想的最大愿望。

多年来，好客的布莱克韦尔岛的监狱一直是苏比冬天的寓所。正像福气比他好的纽约人每年冬天买票去棕榈滩和里维埃拉一样，苏比也要为一年一度逃奔岛上做些必要的安排。现在又到时候了。昨天晚上，他睡在古老广场中喷水池旁的长凳上，用三张星期日的报纸分别垫在上衣里、包着脚踝、盖住大腿，也没能抵挡住严寒的袭击。因此，在他的脑袋里，岛子的影像又即时而鲜明地浮现出来。他诅咒那些以慈善名义对城镇穷苦人所设的布施。在苏比眼里，法律比救济更为宽厚。他可以去的地方不少，市政办的、救济机关办的各式各样的组织，他都可以去混吃、混住，勉强度日，但接受施舍，对苏比这样一位灵魂高傲的人来讲，是一种不可忍受的折磨。从慈善机构的手里接受任何一点好处，钱固然不必付，但你必须遭受精神上的屈辱来作为回报。正如恺撒对待布鲁图一样，凡事有利必有弊。要睡上慈善机构的床，先得让人押去洗个澡；要吃施舍的一片面包，得先交代清楚个人的来历和隐私。因此，倒不如当个法律的座上宾还好得多。虽然法律铁面无私、照章办事，但至少不会过分地干涉正人君子的私事。

一旦决定了去岛上，苏比便立即着手将它变为现实。要兑现自己的意愿，有许多简捷的途径，其中最舒服的莫过于去某家豪华餐厅大吃一顿，然后呢，承认自己身无分文，无力支付，这样便安安静静、毫不声张地被交给警察。其余的一切就该由治安推事来应付了。

苏比离开长凳，踱出广场，跨过百老汇大街和第五大街的交汇处那片沥青铺就的平坦路面。他转向百老汇大街，在一家灯火辉煌的咖啡馆前停下脚步，在这里，每天晚上聚集着葡萄、蚕丝和原生质的最佳制品。

苏比对自己的马甲最下一颗纽扣之上还颇有信心，他修过面，上衣也还够气派，他那整洁的黑领结是感恩节时一位教会的女士送给他的。只要他到餐桌之前不被人猜疑，成功就属于他了。他露在桌面的上半身绝不会让侍者生疑。苏比想到，一只烤野鸭很对劲——再来一瓶夏布利酒，然后是卡门贝干酪、一小杯清咖啡和一支雪茄烟——一美元一支的雪茄就足够了。全部加起来的价钱不宜太高，以免遭到咖啡馆太过厉害的报复；然而，吃下这一餐会使他在走向冬季避难所的行程中心满意足、无忧无虑。

可是，苏比的脚刚踏进门，领班侍者的眼睛便落在了他那旧裤子和破皮鞋上。强壮、迅疾的手掌推了他个转身，他悄无声息地被押了出来，推上了人行道，这拯救了那只险遭毒手的野鸭的可怜命运。

苏比离开了百老汇大街。看起来，靠大吃一通走向他垂涎三尺的岛上，这办法是行不通了。要进监狱，还得另打主意。

在第六大街的拐角处，灯火通明、陈设精巧的大玻璃橱窗内的商品尤其引人注目。苏比捡起一块鹅卵石，向玻璃窗砸去。人们从转弯处奔来，领头的就是一位巡警。苏比一动不动地站在原地，两手插在裤袋里，对着黄铜纽扣微笑。

"肇事的家伙跑哪儿去了？"警官气急败坏地问道。

"你不以为这事与我有关吗？"苏比说，多少带点嘲讽语气，但很友好，如同他正交着桃花运。

警察根本没把苏比看成作案对象。毁坏窗子的人绝对不会留在现场与法律的宠臣攀谈，而应早就溜之大吉啦。警察看到半条街外有个人正跑去赶一辆车，便挥舞着警棍追了上去。苏比心里十分憎恶，只得拖着脚步，重新开始游荡。他再一次失算了。

> 从人物之间的对话中你感悟到了什么？

对面街上，有一家不太招眼的餐厅，可以填饱肚子，又花不了多少钱。它的碗具粗糙，空气混浊，汤菜淡如水，餐巾薄如绢。苏比穿着那令人诅咒的鞋子和暴露身份的裤子跨进餐厅，上帝保佑，还没遭到白眼。他走到桌前坐下，吃了牛排、煎饼、炸面饼圈和馅饼。

阅读思考
1. 读完《警察与赞美诗》，你对文中的苏比有着怎样的认识？
2. 你对故事的结局有何想法？快写一写吧。

外国小说推荐
《童年》《小公务员之死》《一滴眼泪换一滴水》《平凡的幸福》《兽国黄昏》
在课外阅读中，我还发现（　　　）的人物形象十分有意思，我要多读一读，好好体会。

2 扣人"心"弦

　　心理描写是指在文章中，对人物在一定的环境中的心理状态、精神面貌和内心活动进行的描写，是表现人物性格、品质的一种方法。最常用的是描写人物的内心独白，写出人物的所思所想，让人物毫无遮掩地吐露自己的心声，说出他的欢乐和悲伤、矛盾和愁郁、忧虑和希望，使读者透过人物外表，看到人物的内心世界，同时也能突出文章的中心或表明人物的品质或情感。在阅读时抓住人物的心理描写，理解人物特点时就会更加轻松。

文本课例

玩笑

　　世界上有什么比开玩笑更有趣、更好玩？有什么事情比戏弄别人更有意思？啊！我的一生里，我开过玩笑；人们呢，也开过我的玩笑，很有趣的玩笑！对啦，我可开过令人受不了的玩笑。今天我想讲一个我经历过的玩笑。

　　秋天的时候，我到朋友家里去打猎。当然喽，我的朋友是一些爱开玩笑的人。我不愿结交其他人。我到达的时候，他们像迎接王子那样接待我。这引起了我的怀疑。他们朝天打枪，他们拥抱我，好像等着从我身上得到极大的乐趣。我对自己说："小心，他们在策划着什么。"

　　吃晚饭的时候，欢乐是高度的，过头了。我想："瞧，这些人没有明显的理由却那么高兴，他们脑子里一定想好了开一个什么玩笑。这个玩笑肯定是针对我的，小心。"

　　整个晚上人们在笑，但笑得夸张。我嗅到空气里有一个玩笑，正像豹子嗅到猎物一样。我既不放过一个字，也不放过一个语调、一个手势。在我看来一切都值得怀疑。时钟响了，是睡觉的时候了，他们把我送到卧室。他们大声冲我喊晚安。我进去，关上门，并且一直站着，一步也没有迈，手里拿着蜡烛。我听见走廊里有笑声和窃窃私语声。毫无疑问，他们在窥伺我。我用目光检查了墙壁、家具、天花板、地板。我没有发现任何可疑的地方。我听见门外有人走动，一定是有人来从钥匙孔朝里看。我忽然想起："也许我的蜡烛会突然熄灭，使我陷入一片黑暗之中。"

> 2—4自然段出现了大量的内心独白，多读一读，好好体会体会小主人公的心理吧。

于是，我把壁炉上所有的蜡烛都点着了。然后我再一次打量周围，但还是没有发现什么。我迈着大步绕房间走了一圈——没有什么。我走近窗户，百叶窗还开着，我小心翼翼地把它关上，然后放下窗帘，并在窗前放了一把椅子，这就不用害怕有任何的来自外面的东西了。于是我小心翼翼地坐下。扶手椅是结实的，然而时间在向前走，我终于承认自己是可笑的。我决定睡觉，但这张床在我看来特别可疑。于是我采取了自认为绝妙的预防措施。我轻轻地抓住床垫的边缘，然后慢慢地朝我的面前拉。床垫过来了，后面跟着床单和被子。我把所有的这些东西拽到房间的正中央，对着房门。在房间正中央，我重新铺了床，尽可能地把它铺好，远离这张可疑的床。然后，我把所有的烛火都吹灭，摸着黑回来，钻进被窝里。有一个小时我保持着清醒，一听到哪怕最小的声音也打哆嗦。

> 看，通过小主人公的内心独白，我们仿佛看到了一位小心谨慎、敏感多疑的小朋友。

一切似乎是平静的。我睡着了。我睡了很久，而且睡得很熟，但突然之间我惊醒了，因为一个沉甸甸的躯体落到了我的身上。与此同时，我的脸上、脖子上、胸前被浇上一种滚烫的液体，痛得我怪叫起来。落在我身上的那一大团东西一动也不动，把我压得喘不过气来。我伸出双手，想辨明物体的性质。我摸到一张脸，一个鼻子。于是，我用尽全身力气，朝这张脸上打了一拳。但我立即挨了一记耳光，使我从湿漉漉的被窝里一跃而起，穿着睡衣跳到走廊里，因为我看见通向走廊的门开着。啊，真令人惊讶！天已经大亮了。人们闻声赶来，发现男仆人躺在我的床上，神情激动。原来，他在给我端早茶来的时候，碰到了我临时搭的床铺，摔倒在我的肚子上，把我的早点浇在我的脸上。

我担心会发生一场笑话，而造成这场笑话的，恰恰正是关上百叶窗和到房间中央睡觉这些预防措施。那一天,人们笑够了!

主旨解析

《玩笑》一文讲述了胆小谨慎、敏感多疑的主人公,开过别人玩笑,又怕被人开玩笑,结果还是闹了一场笑话的小故事。"我"之所以闹笑话,有深层的社会性原因,就是当时的社会普遍存在空虚无聊、相互愚弄、充满信任危机的弊病。"有什么事情比戏弄别人更有趣""引起了我的怀疑""一切都值得怀疑"等语句就是当时代的社会缩影。小说以第一人称为叙事角度,通过内心独白等方式表现了主人公的心理变化,准确生动地刻画出人物敏感多疑的性格特征。主人公的心理活动恰恰进一步表现了他在这样的社会中心理的扭曲程度,以及不能觉醒、难以自拔的可悲,使小说的主题表达得更深刻。

表现手法

外国小说与中国文学的语言表达方式不同,但二者都表现人们思想的结晶。作品中蕴含着作者的思考与其内心世界。由于时代背景的变化及作者经历的不同,作品表达的情感也不尽相同。但是在阅读中,如何快速地了解人物的特点,体会作品背后的含义,关注作品中人物的心理活动是一个很好的方法。

内心独白在文学作品中指人的自思、自语等内心活动。内心独白分为直接的内心独白和间接的内心独白,前者用第一人称,后者用其他人称。通过人物内心独白来揭示人物隐秘的内心世界,能充分地展示人物的思想、性格,使读者更深刻地理解人物的思想感情和精神面貌。它是现代小说,特别是意识流小说的一种重要的表现手法。其特点是用第一人称直接描写或用其他人称间接描写人物的意识和潜意识活动,以表现人物的内心世界。它不受时间、空间、逻辑、因果关系的制约，常常出现时空的颠倒和跳跃。通过自由联想，过去、现在和将来相互交织，形成一种多层次、多线条的立体结构。它使人物对往事的回忆、对外部世界的印象、某种情境下的情绪、偶然产生但又瞬息即逝的念头等得到再现，使读者似乎能直接观察到人物的意识过程。正因这样，内心独白在语言上需要突破常规的语序，语句常常不完整，缺乏一定的连贯性，有时甚至是断断续续的只言片语。而这只言片语往往蕴含着巨大的能量，对故事情节的发展、人物形象的塑造有着至关重要的影响。

　　人是社会关系的总和，蛛网式的关系，制约着人们的言行。人物在一定的社会条件下，面对他人，总难真诚相对。不少行为，是不得已而为之；许多话语，是违心而说之。可是，当人物面对自己的时候，情况就大大不同了，他可以真实吐露，和盘托出。传统小说往往由作者主宰一切，表现人物的心理时，惯用心理分析等客观的方法。意识流小说主张作家退出小说，人物自己掌握自己的命运。他们在感情激烈变动的时刻，常常需要倾吐内心的感受。独白，是自己对自己说话。这种话语，在较多的情况下是叨叨咕咕，自言自语；有时又像对谈，似乎面前有个听者。独白所用的语气是口语化的，很贴近生活。由于发自内心，所以真实而浓烈，积蓄已久，不发不快，直白而深邃，反复思虑，情真意切。

拓展阅读

麦琪的礼物

　　一元八角七。全都在这儿了，其中六角是一分一分的铜板。这些钱是她在杂货店老板、菜贩子和肉店老板那儿软硬兼施地一分两分地扣下来的，直弄得自己羞愧难当，深感这种掂斤播两的交易实在丢人现眼。德拉反复数了三次，还是一元八角七，而第二天就是圣诞节了。

除了扑倒在那破旧的小睡椅上哭号之外，显然别无他途。

德拉这样做了，可精神上的感慨油然而生：生活就是哭泣、抽噎和微笑，尤以抽噎占统治地位。

当这位家庭主妇逐渐平静下来之际，让我们看看这个家吧。一套带家具的公寓房子，每周房租八美元。尽管难以用笔墨形容，可它真真够得上"乞丐帮"这个词儿。

楼下的门道里有个信箱，可从来没有装过信，还有一个电钮，也从没有人的手指按响过电铃。而且，那儿还有一张名片，上写着"詹姆斯·迪林厄姆·杨先生"。

"迪林厄姆"这个名号是主人先前春风得意之际，一时兴起加上去的，那时候他每星期挣三十美元。现在，他的收入缩减到二十美元，"迪林厄姆"的字母也显得模糊不清，似乎它们正严肃地思忖着是否缩写成谦逊而又讲求实际的字母D。不过，每当詹姆斯·迪林厄姆·杨回家，走进楼上的房间时，詹姆斯·迪林厄姆·杨太太，就是刚介绍给诸位的德拉，总是把他称作"吉姆"，而且热烈地拥抱他。那当然是再好不过的了。

德拉哭完之后，往面颊上抹了抹粉，她站在窗前，痴痴地瞅着灰蒙蒙的后院里一只灰白色的猫正行走在灰白色的篱笆上。明天就是圣诞节，她只有一元八角七给吉姆买一份礼物。她花去好几个月的时间，用了最大的努力一分一分地攒积下来，才得了这样一个结果。一周二十美元实在经不起花，支出大于预算，总是如此。只有一元八角七给吉姆买礼物，她的吉姆啊！她花费了多少幸福的时日筹划着要送他一件可心的礼物，一件精致、珍奇、贵重的礼物——至少应有点儿配得上吉姆所有的东西才成啊。

房间的两扇窗子之间有一面壁镜。也许你见过每周房租八美元的公寓壁镜吧。一个非常瘦小而灵巧的人，从观察自己在一连串的纵条影像中，可能会对自己的容貌得到一个大致精确的概念。德拉身材苗条，已精通了这门艺术。

突然，她从窗口旋风般地转过身来，站在壁镜前面。她两眼晶莹透亮，但二十秒钟之内她的面色失去了光彩。她急速地拆散头发，使之完全泼撒开来。

现在，詹姆斯·迪林厄姆·杨夫妇俩各有一件特别引以为豪的东西。一件是吉姆的金表，是他祖父传给父亲，父亲又传给他的传家宝；另一件则是德拉的秀发。如果示巴女王也住在天井对面的公寓里，总有一天德拉会把头发披散下来，露出窗外晾干，使那女王的珍珠宝贝黯然失色；如果地下室堆满金银财宝，所罗门王又是守门人的话，每当吉姆路过那儿，准会摸出金表，好让那所罗门王忌妒得吹胡子瞪眼睛。

此时此刻，德拉的秀发泼撒在她的周围，微波起伏，闪耀光芒，有如那褐色的瀑布。她的美发长及膝下，仿佛是她的一件长袍。接着，她又神经质地赶紧把头发梳好。她踌躇了一分钟，一动不动地立在那儿，破旧的红地毯上溅落了一两滴眼泪。

她穿上那件褐色的旧外衣，戴上褐色的旧帽子，眼睛里残留着晶莹的泪花，裙子一摆，便飘出房门，下楼来到街上。

她走到一块招牌前停下来，上写着："索弗罗妮夫人——专营各式头发"。德拉奔上楼梯，气喘吁吁地定了定神。那位夫人身躯肥大，过于苍白，冷若冰霜，同"索弗罗妮"的雅号简直牛头不对马嘴。

"你要买我的头发吗？"德拉问。

"我买头发，"夫人说。"揭掉帽子，让我看看发样。"

那褐色的瀑布泼撒了下来。

"二十美元，"夫人一边说，一边内行似的抓起头发。

"快给我钱。"德拉说。

呵，随后而至的两个小时犹如长了翅膀，愉快地飞掠而过。请不用理会这胡诌的比喻。她正在彻底搜寻各家店铺，为吉姆买礼物。

她终于找到了，那准是专为吉姆特制的，绝非为别人。她找遍了各家商店，哪儿也没有这样的东西——一条朴素的白金表链，镂刻着花纹。正如一切优质东西那样，它只以货色论长短，不以装潢来炫耀。而且它正配得上那只金表。她一见这条表链，就知道一定属于吉姆所有。它就像吉姆本人，文静而有价值——这一形容对两者都恰如其分。她花去二十一美元买下了，匆匆赶回家，只剩下八角七分钱。金表匹配这条链子，无论在任何场合，吉姆都可以毫无愧色地看时间了。

尽管这只表华丽珍贵，但因为用的是旧皮带取代表链，他有时只偷偷地瞥上一眼。

德拉回家之后，她的狂喜有点儿变得审慎和理智了。她找出烫发铁钳，点燃煤气，着手修补因爱情加慷慨所造成的破坏，这永远是件极其艰巨的任务，亲爱的朋友们——简直是件了不起的任务啊。

> 同学们，你认为德拉是怎样的人？

不出四十分钟，她的头上布满了紧贴头皮的一绺绺小卷发，使她活像个逃学的小男孩。她在镜子里老盯着自己瞧，小心地、苛刻地照来照去。

"假如吉姆看我一眼不把我宰掉的话，"她自言自语，"他定会说我像个科尼岛上合唱队的卖唱姑娘。但是我能怎么办呢——唉，只有一元八角七，我能干什么呢？"

七点钟，她煮好了咖啡，把煎锅置于热炉上，随时都可做肉排。

吉姆一贯准时回家。德拉将表链对叠握在手心，坐在离他一贯进门最近的桌子角上。接着，她听见下面楼梯上响起了他的脚步声，她的脸紧张得失去了一会儿血色。她习惯于为了最简单的日常事物而默默祈祷，此刻，她悄声道："求求上帝，让他觉得我还是漂亮的吧。"

门开了，吉姆步入，随手关上了门。他显得瘦削而又非常严肃。可怜的人儿，他才二十二岁，就挑起了家庭重担！他需要买件新大衣，连手套也没有呀。

吉姆站在屋里的门口边，纹丝不动得好像猎犬嗅到了鹌鹑的气味似的。他的两眼固定在德拉身上，其神情使她无法理解，令她毛骨悚然。既不是愤怒，也不是惊讶，又不是不满，更不是嫌恶，根本不是她所预料的任何一种神情。他仅仅是面带这种神情死死地盯着德拉。

德拉一扭腰，从桌上跳了下来，向他走过去。

"吉姆，亲爱的，"她喊道，"别那样盯着我。我把头发剪掉卖了，因为不送你一件礼物，我无法过圣诞节。头发会再长起来——你不会介意，是吗？我非这么做不可。我的头发长得快极了。说'恭贺圣诞'吧！吉姆，让我们快快乐乐的。你肯定猜不着我给你买了一件多么好的——多么美丽精致的礼物啊！"

"你已经把头发剪掉了？"吉姆吃力地问道，似乎他绞尽脑汁也没弄明白这明摆着的事实。

"剪掉卖了，"德拉说。"不管怎么说，你不也同样喜欢我吗？没了长发，我还是我嘛，对吗？"

吉姆古怪地四下望望这房间。

"你说你的头发没有了吗？"他差不多是白痴似的问道。

"别找啦,"德拉说。"告诉你,我已经卖了——卖掉了,没有啦。这是圣诞前夜,好人儿。好好待我,这是为了你呀。也许我的头发数得清,"突然她特别温柔地接下去,"可谁也数不清我对你的爱啊。我做得对吗,吉姆?"

吉姆好像从恍惚之中醒来,把德拉紧紧地搂在怀里。现在,别着急,先让我们花个十秒钟从另一角度审慎地思索一下某些无关紧要的事。房租每周八美元,或者一百万美元——那有什么差别呢?数学家或才子会给你错误的答案。麦琪带来了宝贵的礼物,但就是缺少了那件东西。

吉姆从大衣口袋里掏出一个小包,扔在桌上。

"别对我产生误会,德尔,"他说道,"无论剪发、修面,还是洗头,我以为世上没有什么东西能减少一点点对我妻子的爱情。不过,你只要打开那包东西,就会明白我刚才为什么愣头愣脑了。"

白皙的手指灵巧地解开绳子,打开纸包。紧接着是欣喜若狂地尖叫,哎呀!突然变成了女性神经质的泪水和哭泣,急需男主人千方百计地慰藉。

还是因为摆在桌上的梳子——全套梳子,包括两鬓用的,头后面用的,样样俱全。那是很久以前德拉在百老汇的一个橱窗里见过并羡慕得要死的东西。这些美妙的发梳,纯玳瑁做的,边上镶着珠宝——其色彩正好同她失去的美发相匹配。她明白,这套梳子实在太昂贵,对此,她仅仅是羡慕、渴望,从未想到过据为己有。现在,这一切居然属于她了,可惜那有资格佩戴这垂涎已久的装饰品的美丽长发已无影无踪了。

不过,她依然把发梳搂在胸前,过了好一阵子才抬起泪水迷蒙的双眼,微笑着说:"我的头发长得飞快,吉姆!"

随后,德拉活像一只被烫伤的小猫跳了起来,叫道,"喔!喔!"

吉姆还没有瞧见他的美丽的礼物哩。她急不可耐地把手掌摊开，伸到他面前，那没有知觉的贵重金属似乎闪现着她的欢快和热忱。

"漂亮吗，吉姆？我搜遍了全城才找到了它。现在，你每天可以看一百次时间了。把表给我，我要看看它配在表上的样子。"

吉姆非但不按她的吩咐行事，反而倒在睡椅上，两手枕在头下，微微发笑。

"德尔，"他说，"让我们把圣诞礼物放在一边，保存一会儿吧。它们实在太好了，目前尚不宜用。我卖掉金表，换钱为你买了发梳。现在，你做肉排吧。"

正如诸位所知，麦琪是聪明人，聪明绝顶的人，他们把礼物带来送给出生在马槽里的耶稣。他们发明送圣诞礼物这玩意儿。由于他们是聪明人，毫无疑问，他们的礼物也是聪明的礼物，如果碰上两样东西完全一样，可能还具有交换的权利。在这儿，我已经笨拙地给你们介绍了住公寓套间的两个傻孩子不足为奇的平淡故事，他们极不明智地为了对方而牺牲了他们家最宝贵的东西。不过，让我们对现今的聪明人说最后一句话：在一切馈赠礼品的人当中，那两个人是最聪明的。在一切馈赠又接收礼品的人当中，像他们两个这样的人也是最聪明的。无论在任何地方，他们都是最聪明的人。

他们就是麦琪。

阅读思考

1. 读完《麦琪的礼物》,你对文中的人物有怎样的认识?
2. 把有关德拉内心独白的语句删去,你认为可行吗?说说你的理由。

外国小说推荐

《老人与海》《套中人》《索利托牧场的卫生学》《命运之路》《失忆症患者逍遥记》

在课外阅读中,我还发现(　　　　)中也出现了人物的内心独白,我要多读一读,好好体会。

3 对比

对比，就是把有明显差异、矛盾对立的事物（景、境、人、情）或事物的两个方面，进行对照、比较，以增强艺术效果的表现手法。对比是一种能起到强化作用的表现手法，通过双方的对比既能突出各自鲜明的特征，突出好坏、善恶、美丑的区别，又能衬托好的一方。

文本课例

我的叔叔于勒（节选）

我小时候，家在哈佛尔，并不是有钱的人家，也就是刚刚够生活罢了。我父亲做着事，很晚才从办公室回来，挣的钱不多。我有两个姐姐。

我母亲对我们的拮据生活感到非常痛苦。那时家里样样都要节省，有人请吃饭是从来不敢答应的，以免回请；买日用品也是常常买减价的，买拍卖的底货；姐姐的长袍是自己做的，买15个铜子一米的花边，常常要在价钱上计较半天。

可是每星期日，我们都要衣冠整齐地到海边栈桥上去散步。那时候，只要一看见从远方回来的大海船进口来，父亲总要说他那句永不变更的话：

"唉！如果于勒竟在这只船上，那会叫人多么惊喜呀！"

父亲的弟弟于勒叔叔，那时候是全家唯一的希望，在这以前则是全家的恐怖。

据说他当初行为不正，糟蹋钱。在穷人家，这是最大的罪恶。在有钱的人家，一个人好玩乐无非算作糊涂荒唐，大家笑嘻嘻地称他一声花花公子。在生活困难的人家，一个人要是逼得父母动老本，那就是坏蛋，就是流氓，就是无赖了。于勒叔叔把自己应得的部分遗产吃得一干二净之后，还大大占用了我父亲应得的那一部分。

人们按照当时的惯例，把他送上从哈佛尔到纽约的商船，打发他到美洲去。

我这位于勒叔叔一到那里就做上了不知什么买卖，不久就写信来说，他赚了点钱，并且希望能够赔偿我父亲的损失。这封信使我们家里人深切感动。于勒，大家都认为分文不值的于勒，一下子成了正直的人，有良心的人。

有一位船长又告诉我们，说于勒已经租了一处大店铺，做着一桩很大的买卖。

两年后又接到第二封信，信上说："亲爱的菲利普，我给你写这封信，免得你担心我的健康。我身体很好。买卖也好。明天我就动身到南美去长期旅行。也许要好几年不给你写信。如果真不给你写信，你也不必担心。我发了财就会回哈佛尔的。我希望为期不远，那时我们就可以一起快活地过日子了。"

这封信成了我们家里的福音书，有机会就要拿出来念，见人就拿出来给他看。

果然，10年之久，于勒叔叔没再来信。可是父亲的希望却与日俱增。母亲也常常说：只要这个好心的于勒一回来，我们的境况就不同了。他可真算得一个有办法的人。

于是每星期日，一看见大轮船喷着黑烟从天边驶过来，父亲总是重复他那句永不变更的话：

"唉！如果于勒竟在这只船上，那会叫人多么惊喜呀！"

那时候大家好像马上就会看见他挥着手帕喊着："喂！菲利普！"

对于叔叔回国这桩十拿九稳的事，大家还拟定了上千种计划，甚至计划到要用这位叔叔的钱置一所别墅。我不敢肯定父亲对于这个计划是不是进行了商谈。

我大姐那时28岁，二姐26岁。她们老找不着对象，这是全家都十分发愁的事。

终于有一个看中二姐的人上门来了。他是公务员，没有什么钱，但是诚实可靠。我总认为这个青年之所以不再迟疑而下决心求婚，是因为有一天晚上我们给他看了于勒叔叔的信。

我们家赶忙答应了他的请求,并且决定在举行婚礼之后全家到哲尔赛岛去游玩一次。哲尔赛岛是穷人们最理想的游玩的地方。这个小岛是属英国管的。路并不远,乘小轮船渡过海,便到了。因此,一个法国人只要航行两个小时,就可以到一个邻国,看看这个国家的民族,并且研究一下这个不列颠国旗覆盖着的岛上的风俗习惯。

哲尔赛的旅行成了我们的心事,成了我们时时刻刻的渴望和梦想。后来我们终于动身了。我们上了轮船,离开栈桥,在一片平静的好似绿色大理石桌面的海上驶向远处。正如那些不常旅行的人们一样,我们感到快活而骄傲。

父亲忽然看见两位先生在请两位打扮得漂亮的太太吃牡蛎。一个衣服褴褛的年老水手拿小刀一下撬开牡蛎,递给两位先生,再由他们递给两位太太。她们的吃法很文雅,用一方小巧的手帕托着牡蛎,头稍向前伸,免得弄脏长袍;然后嘴很快地微微一动,就把汁水吸进去,蛎壳扔到海里。

毫无疑义,父亲是被这种高贵的吃法打动了,走到我母亲和两个姐姐身边问:"你们要不要我请你们吃牡蛎?"

母亲有点迟疑不决,她怕花钱;但是两个姐姐赞成。母亲于是很不痛快地说:"我怕伤胃,你只给孩子们买几个好了,可别太多,吃多了要生病的。然后转过身对着我,又说:至于若瑟夫,他用不着吃这种东西,别把男孩子惯坏了。"

我只好留在母亲身边,觉得这种不同的待遇十分不公道。我一直盯着父亲,看他郑重其事地带着两个女儿和女婿向那个衣服褴褛的年老水手走去。

我父亲突然好像不安起来,他向旁边走了几步,瞪着眼看了看挤在卖牡蛎的身边的女儿女婿,就赶紧向我们走来,他的脸色十分苍白,两只眼也跟寻常不一样。他低声对我母亲说:"真奇怪!这个卖牡蛎的怎么这样像于勒？"

母亲有点莫名其妙，就问："哪个于勒？"

父亲说："就……就是我的弟弟呀。……如果我不知道他现在是在美洲，有很好的地位，我真会以为就是他哩。"

我母亲也怕起来了，吞吞吐吐地说："你疯了！既然你知道不是他，为什么这样胡说八道？"

可是父亲还是放不下心，他说："克拉丽丝，你去看看吧！最好还是你去把事情弄个清楚，你亲眼去看看。"

母亲站起来去找她两个女儿。我也端详了一下那个人。他又老又脏，满脸皱纹，眼光始终不离开他手里干的活儿。

母亲回来了。我看出她在哆嗦。她很快地说："我想就是他。去跟船长打听一下吧。可要多加小心，别叫这个小子又回来吃咱们！"

父亲赶紧走去。我这次可跟着他走了，心里异常紧张。父亲客客气气地和船长搭上话，一面恭维，一面打听有关他职业上的事情，例如哲尔赛是否重要，有何出产，人口多少，风俗习惯怎样，土地性质怎样，等等。后来谈到我们搭乘的这艘特快号，随即谈到全船的船员。最后我父亲终于说："您船上有一个卖牡蛎的，那个人倒很有趣。您知道点儿这个家伙的底细吗？"

船长本已不耐烦我父亲那番谈话，就冷冷地回答说："他是个法国老流氓，去年我在美洲碰到他，就把他带回祖国。据说他在哈佛尔还有亲属，不过他不愿回到他们身边，因为他欠了他们的钱。他叫于勒……姓达尔芒司，还是达尔汪司，总之是跟这差不多的那么一个姓。听说他在那边阔绰过一个时期，可是您看他今天已经落到什么田地！"

我父亲脸色早已煞白，两眼呆滞，哑着嗓子说："啊！啊！原来如此……如此……我早就看出来了！……谢谢您，船长。"

他回到我母亲身旁,是那么神色张皇。母亲赶紧对他说:"你先坐下吧!别叫他们看出来。"

他坐在长凳上,结结巴巴地说:"是他,真是他!"然后他就问:"咱们怎么办呢?"母亲马上回答道:"应该把孩子们领开。若瑟夫既然已经知道,就让他去把他们找回来。最要留心的是别叫咱们女婿起疑心。"

父亲突然很狼狈,低声嘟哝着:"出大乱子了!"

母亲突然很暴怒起来,说:"我就知道这个贼是不会有出息的,早晚会回来重新拖累我们的。现在把钱交给若瑟夫,叫他去把牡蛎钱付清。已经够倒霉的了,要是被那个讨饭的认出来,这船上可就热闹了。咱们到那头去,注意别叫那人挨近我们!"她说完就站起来,给了我一个5法郎的银币,就走开了。我问那个卖牡蛎的人:"应该付您多少钱,先生?"

他答道:"2法郎50生丁。"

我把5法郎的银币给了他,他找了钱。

我看了看他的手,那是一只满是皱痕的水手的手。我又看了看他的脸,那是一张又老又穷苦的脸,满脸愁容,狼狈不堪。我心里默念道:这是我的叔叔,父亲的弟弟,我的亲叔叔。

我给了他10个铜子的小费。他赶紧谢我:"上帝保佑您,我的年轻的先生!"

等我把2法郎交给父亲,母亲诧异起来,就问:"吃了3个法郎?这是不可能的。"

我说:"我给了他10个铜子的小费。"我母亲吓了一跳,直望着我说:"你简直是疯了!拿10个铜子给这个人,给这个流氓!"她没再往下说,因为父亲指着女婿对她使了个眼色。

后来大家都不再说话。在我们面前,天边远处仿佛有一片紫色的阴影从海里钻出来。那就是哲尔赛岛了。

我们回来的时候改乘圣玛洛船，以免再遇见他。

> 同学们，这里的景物描写有什么作用？

主旨解析

《我的叔叔于勒》是法国著名的短篇小说巨匠莫泊桑最著名的小说名篇之一。这篇文章主要写"我"和家人在去哲尔赛岛的途中巧遇叔叔于勒，刻画了菲利普夫妇在发现富于勒变成穷于勒的时候的表现和心理，通过菲利普夫妇前后对待于勒的不同态度揭示并讽刺了在阶级社会中，人与人之间关系的疏远。

表现手法

对比手法，是把对立的人、事物，或事物的两个方面放在一起做比较，让读者在比较中分清好坏、辨别是非。运用这种手法，突出人物品质和性格特点，以及事件的特点，加强文章的艺术效果和感染力。

运用对比手法，有利于充分显示事物的矛盾，突出被表现事物的本质特征，加强文章的艺术效果和感染力，突出好与坏、善与恶、美与丑的对立，塑造鲜明的形象，给读者以强烈的感受。

对比法可分为：1.人物对比（前后对比、不同人物对比）；2.人物外表前后对比，外表与内心对比；3.不同事件对比，事件前后对比。

对比的类型又可以分为横向对比和纵向对比。

横向对比：假如 A 是主角，通过 A 与 B 的对比，用 B 的特点衬托 A 的特点。

纵向对比：通过某一事物前后在某方面的对比，表现事物的特点，具有讽刺效果或增强文章的感染力。

两种对比方式都可以揭示或表现文章的主旨。

写作中，人物形象不够突出，没有立体感，说理时观点不够鲜明，这两种情况常常会导致内容不深刻，主旨不突出。面对这一系列问题，正面渲染的方法不如对比的手法产生的效果强烈。

对比就是有意把相反或相对的两种事物或一个事物的两个方面加以比较，突出一方面，明确是非的一种艺术表现手法。在外国短篇小说当中，对比手法的正确运用，能够将所要塑造的形象、所要抒发的情感等，在善与恶、美与丑的对立中更加生动、鲜明地呈现出来，揭示事物的本质，从而增强文章感染力。而且对比手法适用范围广，不论是短篇还是长篇，描写还是抒情，对比都有其用武之地。

在外国短篇小说中，借助于对比手法，将几组相反、相对的故事，或一个故事中相反、相对的几个方面呈现出来，以达到清晰、醒目地突显是非好恶，鲜明地表达文章主题的目的。

在论证中对比，比出是非曲直。在确立中心论点之后，运用两种对立的事物加以对照和比较，从正反两方面进行说理，从而揭示事物的本质，使所阐述的事理更加深刻，更有说服力。在强烈的正反对比中，事物的特征和本质更容易显露出来，是非曲直，善恶美丑，一目了然，无可辩驳。

鲜明的对比，造成强烈的视觉冲击，给人以深刻的印象和启发，可以发人深思，促人警醒。可见对比能使事物特征得到更集中、更鲜明和突出的表现，能起到有力地增强作品文学艺术性的效果。

拓展阅读

羊脂球（节选）

所有人的目光都被吸引过去了。弥漫的香气使人馋涎欲滴，耳朵下面的颌骨在痛苦地痉挛着。这个时候，太太们对羊脂球的蔑视达到了极点，恨不得杀了她，或者把她以及她的酒杯、篮子和食品从车上扔到下面的雪地里。

卢瓦佐的眼睛始终贪婪地盯着装小鸡的罐子。嘴里喃喃地说道："太棒了，有些人考虑问题总是十分周到。这位太太就比我们有先见之明。"羊脂球听了，抬起头来对他说："先生，您想来点吗？从早晨饿到现在真不好受。"卢瓦佐点了点头，他向周围瞟了一眼说："的确如此，我饿得吃不消了，就不客气了。战争时期嘛，顾不得那么多了，对吧，太太们？"又接着说："像现在这种情况，能碰到肯帮忙的人，真是太幸运了。"于是，卢瓦佐把手头的一张报纸摊开，用随身带着的一把小折刀的刀尖戳起一只涂满冻汁的鸡腿，慢慢咀嚼起来。伴随着车厢里响起的一片无可奈何的叹息，他吃得那样津津有味。

> 同学们，这段话为什么要将太太们和羊脂球放在一起去描写呢？

接着，羊脂球又以温柔的声调请两位修女分享她的食物。她们立即就接受了，含糊不清地说了两句谢谢之后，连眼皮也不抬，便迅速地吃了起来。坐在她旁边的科尔尼德也没有拒绝羊脂球的邀请，和两个修女一起把报纸摊在膝盖上，形成一张餐桌，马上吃了起来。

得到食物的几张嘴，不断地一张一合。卢瓦佐在角落里狼吞虎咽，悄悄地让妻子也学他一样。他的妻子犹豫了一会儿，但是最终在饥饿的折磨下同意了。卢瓦佐委婉地问他们这位"可爱的女伴"——羊脂球，能否拿出一小块鸡给他的妻子。羊脂球亲切地微笑着说："当然可以。"把罐子递了过去。

第一瓶波尔多葡萄酒被打开了，令人遗憾的是，只有一只酒杯。于是大家只好把杯子传来传去，大家极为文雅，喝的时候只是擦一下杯口。只有科尔尼德不拘小节，喝的时候故意用嘴去碰杯口上被羊脂球的嘴唇湿润过的地方，他大概是风流成性惯了。

大家都在忙着往嘴里送东西，空气中弥漫着食物的香味和酒的诱惑。只有布雷维尔伯爵夫妇和卡雷-拉马东夫妇还始终不肯放下自己的架子，一面故作高贵地矜持着，一面忍受着难以抗拒的食物诱惑。大家正在忙活之际，纺织厂厂主的年轻美丽的妻子忽然"唉——"了一声，所有的人停止了动作，都向她望去：只见她的脸色和外面的雪一样白，双眼一合，头往旁边一歪，晕过去了。她的丈夫顿时惊慌失措了起来，恳求大家赶快帮帮忙。但是人们不知道怎么办才好。危急之中，年老的修女迅速托起美丽的小女人的头，把羊脂球那只仅有的盛满葡萄酒的酒杯放到了她的唇边，让她喝了一点点酒。效果很明显，漂亮的女人慢慢睁开了眼睛，微笑着，用虚弱的声音说她"感觉好多了"。为了让这位美丽的女人不再晕倒，老修女给她喝了满满一杯波尔多葡萄酒。并且肯定地说道："准是饿的，没什么事。"

阅读思考

1. 第一自然段运用了（　　　）的修辞手法，写出了"太太们"（　　　）的特点，以及她们对羊脂球的（　　　）和（　　　）。
2. 第二自然段中的"贪婪"一词写出了卢瓦佐的（　　　）的本性。

外国小说推荐

《三万美元的遗产》《白象失窃记》《项链》在课外阅读中，我还发现（　　　）也是通过对（　　　）的描写，让读者认识资产阶级的丑恶面目的。

4 讽刺手法

讽刺是一种文学手法，用于暴露描写对象的缺点和可笑之处，常采用夸张或反讽等方式，产生幽默的效果，从而揭露腐朽、落后的现象，批判愚昧、反动的行为，使人在会心一笑中了解故事背后的含义，这种手法就是讽刺。

文本课例

百万英镑

一个豪华房间里坐着两兄弟，这两位绅士忽发奇想：假如一位有头脑又诚实的外地人落难伦敦，举目无亲，除了一张百万英镑的大钞一无所有，而且他还没法证明这张大钞就是他的，这样的一个人会有怎样的命运呢？大哥觉得那人肯定会被抓住，然后饿死。弟弟却不以为然，他说愿出两万英镑打赌。就在这时，沦落在伦敦街头，破衣烂衫，兜里只剩一块钱的我来了。他们给我一个信封，说打开便知他们的心意。我走到看不见那所房子的地方，打开信封一看，里边装的是钱哪！我急不可待地撒腿就朝最近的小吃店跑，一顿猛吃，一直到肚子实在塞不下东西了，我掏出那张钞票来展开，只扫了一眼，就差点昏倒。五百万！我懵了，盯着那张大钞头晕眼花，想必足足过了一分钟才清醒过来。突然我计上心来，把那张大钞递到小吃店老板眼前。老板以为我是故意打扮成这样来跟他开玩笑的，说这点小钱不算什么，我想什么时候结就什么时候结。

从小吃店出来我去找了那两兄弟，想把事情问清楚把钱还给他们，却被告知他们出远门了，得一个月才能回来。我把刚才那信封里的信抽出来，信上说这笔钱借我用三十天，不计利息。这两兄弟在我身上打了一个赌。假如弟弟赢了，我可以在他的职权范围内随意择一个职位。我对那份美差浮想联翩，期望值也开始上升。不用说，薪水肯定不是个小数目。过一个月就要开始上班，从此我就会万事如意了。

转眼间，我感觉好极了。看到一家服装店，我想甩掉这身破衣裳，可是，不一会儿我又转了回来，来来回回走了足有六趟，终于，我投降了，还是进去了。我问他们有没有顾客试过不合身的衣服。伙计没搭理我，只是朝另一个点点头，另一个也不说话，又朝第三个点点头。第三个说这就来，我等着他忙完了手头的事，看他在一摞退货当中翻了一通，挑出一套最寒酸的来。这衣服不合身，毫无魅力可言，可它总是新的。我迟迟疑疑地说："要是你们能等两天再结账。就帮了我的忙了。现在我一点零钱都没带。"店员端出一副刻薄至极的嘴脸说："哦，您没带零钱？说真的，我想您也没带。我以为像您这样的先生光会带大票子呢。"我火了："我买得起，就是不愿添麻烦，让你们找不开一张大票。"他稍稍收敛了一点："我可没成心出口伤人，我们找得开。"我把那张钞票递给他，他笑着接了过去，那种无处不在的笑容，笑里有皱，笑里带褶，一圈儿一圈儿的，就像往水池子里面扔了一块砖头。可是，只瞟了一眼钞票，他的笑容就凝固了，脸色大变，就像你在维苏威火山山麓那些平坎上看到的起起伏伏的凝固熔岩。我从来没见过谁的笑脸定格成如此这般的永恒状态。这时老板过来看到底出了什么事。那老板看了一眼，便一头扎进一堆衣服里乱翻起来。一边翻，一边不停唠叨："把一套拿不出手的衣服卖给一位百万富翁！这个傻瓜！从来就没分清过谁是百万富翁，谁是流浪汉。啊，我找的就是这件。先生，请把这些东西脱了，都扔到火里去。您赏我个脸，穿上这件衬衫和这身套装。合适，太合适了！简洁、考究、庄重，完全是王公贵族的气派！"我表示满意。往后的事你心里明白了吧？我顺其自然，想买什么就买什么，买完了，吆喝一声"找钱！"不出一个星期，我把所需的各色安享尊荣的行头统统置办齐备，在一家价格不菲的旅馆安顿下来，日子过得阔气有排场。

我已经成了这个世界大都会的显赫人物，我的思想简直是彻头彻尾地改造了。不管你翻开哪份报纸，无论是英格兰的，苏格兰的，

> 同学们，"我"进服装店这一段运用了讽刺手法，你发现了吗？

还是爱尔兰的，你总会看到一两条有关身藏百万英镑支票者及其最新言行的消息。

主旨解析

《百万英镑》运用诙谐幽默的笔调暴露了资本主义社会金钱的腐蚀力量，讽刺和嘲笑了资产阶级庸俗、伪善、拜金的丑恶面目。作品中一对富裕的兄弟因为无聊的打赌改变了穷小子亨利·亚当斯的命运，也让读者在亨利·亚当斯拥有支票前后受到的天差地别的待遇中，看到了资本主义社会中，人们金钱至上的丑恶嘴脸。亨利·亚当斯衣衫褴褛走进服装店时，店里的伙计立即摆出一副刻薄的嘴脸嘲讽他，而当亨利·亚当斯拿出五百万镑的支票后，店伙计的脸上漾出笑意，老板来后看了这支票，对他百般讨好。这种前后不一的态度引人发笑，但又在笑声中引起人们对当时社会只看金钱不看人，唯金钱至上的不良风气的思考，增强了小说的批判意义。

表现手法

在真实的基础上，采用夸张或反讽的方式，以加强描写效果和描写深度。讽刺语言的正确运用，是衡量作品创作效果的关键。基于讽刺语言的特点，讽刺语言多以短句为主要的句子形式，篇幅较短。如果使用长句子，不但无法起到讽刺的作用，还会影响段落意思，所以在具体运用中，讽刺性语言通常具有较强的概括性，能够以较少的语言起到良好的描述效果。

拓展阅读

修表记（节选）

我的那只漂亮的新表起初一直走得很好，十八个月中从没慢过，也没快过，更没停过；那里面的各个部件也都完好无损。因此我不免认为，它在结构组织的完美上更是足堪不朽。但不幸的是，它终于在某个夜晚停了下来，对此我真是悲恸万分，大有熟人前来报凶，大祸临头之感。不过日子一长，我也就慢慢振作起来，于是经常凭着约摸，定定表针。

不久，我跑进一家大珠宝店去对准确时间。店主从我手中接过表去，给我对好。接着他道，"表慢了四分钟——它的整时器需要紧紧"。我马上想拦住他——想让他知道这只表在时间上从未出过半点差错。但这个白薯头脑所懂得的就是慢了四分钟，所以那整时器必须紧上一紧。因此尽管我在一旁急得直跳，哀求他手下留情，他还是面不改色、手毒心狠地干下了那桩可耻罪行。

于是我的表走得快了起来，而且一天快似一天。不出一个星期，它已经病得发起高烧，脉搏的温度在背阴处也已跃到一百五十。到了两个月将尽，它早已将全城里的大小钟表统统抛到后面，比历书上的日子超出十三天还有余。在它的带动下，我不得不赶凑房租，赶结账目，赶办一切事务，弄得焦头烂额，狼狈不堪，达到全然无法容忍的地步。我只好将它拿到一家钟表商处去修理。表商问我，这表以前修理过没有。我回答说没有，它一直好好的，不用修理。他听到后，一脸奸相，透出暗喜，于是急忙撬开表壳，抓起小骰子盒戴到眼上，便瞅了起来。瞅罢讲道，需要擦泥上油，另外调调——一个月后来取。

经他这样一番除垢、上油以及调节之后，我的表又开始慢了下来，慢到以后滴答起来，其音悠悠，有如叩钟。在行动上，我开始事事落在时间后面，变得出门误车，对客爽约，甚至赴宴逾期；我自己也渐渐被拖向昨天，拖向前天，甚至拖向一个星期之前。这样经过一段时间，我终于突然醒悟到，我已成了孤苦伶仃，孑然一身，仍然徘徊在那上上个星期之中，整个世界已经从我的面前消失不见。

说来惭愧，我甚至察觉，内心深处，我已经与博物馆里的木乃伊隐隐产生感情。

我于是又去了一家表店。等的工夫，店家已把表全部拆散，然后讲道，表的发条匣子"发胀了"，三天之后可以修复。

在这以后，这只表只能说是平均来讲，走得还好，但却绝不是万事大吉。有时，一连好几个小时，它那里边简直是在闹鬼，又是吵嚷，又是吼叫，喷嚏不断，鼻息不停，搅得你意乱心烦，不知如何是好；但过上一阵，它又会渐渐慢了下去，晃晃悠悠，不慌不忙，于是被它甩到后边的钟表又都一路追了上来。不过看看一天二十四小时将尽，它又会一阵疾步，风驰电掣般地飞奔裁判台前，正点到达，分秒不误。它拿给人的是它那倒也不错的平均数值，现在职责尽到，谁又能说人家干多干少！但只是平均准确，在表来说，却绝不是什么突出美德。于是我又带上它另去表铺。铺里人说是中枢梢发生断裂。我回答道，只要不太严重就好。说实在的，我根本不知道那中枢梢是什么。只是在陌生人面前，又岂可表露无知。

阅读思考

1. 文中对表商语言、神态、动作的描写，表现了表商的什么行为？
2. 运用第一人称叙述故事，有何表达效果？

外国小说推荐

《三万美元的遗产》《白象失窃记》《变色龙》《以作家的身份首次亮相》

在课外阅读中，我还发现（　　　　）中也出现了讽刺性的语言，我要找一找，多读一读，好好体会。

5 "尾巴"的魔力

昆德拉在《小说的艺术》一书中谈道："小说的精神是复杂的精神，每一部小说都对它的读者说：'事情比你想象的复杂。'这是小说的永恒真谛。"要达到如此高的艺术效果，小说结尾的设计、构思就显得尤为重要了。正因如此，有人把小说的结尾形容为"临别时的回眸一笑"，由此可见小说的结尾有多大的魔力。美国著名的短篇小说家欧·亨利就善用各种戏剧性巧合，以意想不到的方式结尾，增强小说的艺术效果。他的小说也因此备受推崇，他这种风格的结尾被称为"欧·亨利式的结尾"，他也因此被称为"尾巴大师"。

文本课例

二十年以后

纽约的一条大街上,一位值勤的警察正沿街走着。一阵冷飕飕的风向他迎面吹。已近夜间10点,街上的人寥寥无几了。

在一家小店铺的门口,昏暗的灯光下站着一个男子,他的嘴里叼着一支没有点燃的雪茄烟。警察放慢了脚步,认真地看了他一眼,然后,向那个男子走了过去

"这儿没有出什么事,警官先生。"看见警察向自己走,那个男子很快地说,"我只是在这儿等一位朋友罢了"。

男子划了根火柴,点燃了叼在嘴上的雪茄。借着火柴的亮光,警察发现这个男子脸色苍白,右眼角附近有一块小小的白色的伤疤。

> 读到这儿,我们的心里会有一些猜测或疑问。

"这是20年前定下的一个约会。如果有兴致听的话,我给你讲讲。大约20年前,这儿,这个店铺现在所占的地方,原是一家餐馆……"男子继续说,"我和吉米·维尔斯在这儿的餐馆共进晚餐。哦,吉米是我最要好的朋友。我俩都是在纽约这个城市里长大的。从小我们就亲密无间,情同手足。当时,我正准备第二天早上就动身到西部去谋生。那天夜晚临分手的时候,我俩约定:20年后的同一日期、同一时间,我俩将到这里再次相会。"

"你在西部混得不错吧?"警察问道。

"当然喽!吉米的光景要是能赶上我的一半就好了。啊,实在不容易啊!这些年,我一直不得不东奔西跑……"

又是一阵冷飕的风穿街而过,接着,一片沉寂。他俩谁也没有说话。过了一会儿,警察准备离开这里。

"我得走了,"他对那个男子说,"我希望你的朋友很快就会到。假如他不准时赶到,你会离开这儿吗?"

"不会的。我起码要再等他半个小时,如果吉米他还活在人间,他到时候一定会到这儿的。就说这些吧,再见,警察先生。"

"再见,先生。"警察一边说着,一边沿街走去,街上已经没有行人了,空荡荡的。

男子又在这店铺的门前等了大约一二十分钟的光景,这时候,一个身材高大的人急匆匆地径直走。他穿着一件黑色的大衣,衣领向上翻着,盖到耳朵。

"你是鲍勃吗?"来人问道。

"你是吉米·维尔斯?"站在门口的男子大声地说,显然,他很激动。

来人握住了男子的双手。"不错,你是鲍勃。我早就确信我会在这儿见到你的。啧,啧,啧! 20年是个不短的时间啊!你看,鲍勃!原来的那个饭馆已经不在啦!要是它没有被拆除,我们再一块儿在这里面共进晚餐该多好啊!鲍勃,你在西部的情况怎么样?"

"哦,我已经设法获得了我所需要的一切东西。你的变化不小啊,吉米,你在纽约混得不错吧?"

"一般,一般,我在市政府的一个部门里上班,坐办公室。鲍勃,咱们去转转,找个地方好好叙叙往事。"

这条街的街角处有家大商店,尽管时间已经不早了,商店里的灯还在亮着。到亮处以后,这两个人都不约而同地转过身看了看对方的脸。

突然间,那个从西部回来的男子停住了脚步。

"你不是吉米·维尔断。"他说,"20年的时间虽然不短,但它不足以使一个人变得容貌全非。"从他说话的声调中可以听出,他在怀疑对方。

"然而，20年的时间却有可能使好人变成坏人。"高个子说，"你被捕了，鲍勃。在我们还没有去警察局之前，先给你看张条子，是你的朋友写给你的。"

鲍勃接过便条。读着读着，他微微地抖起。便条上写着：

鲍勃：刚才我准时赶到了我们的约会地点。当你划着火柴点烟时，我发现你正是那个芝加哥警方所通缉的人。不知怎么的，我不忍自己亲自逮捕你，只得找了个便衣警察做这件事。

> 读到这儿，我们感觉一切在意料之外却又在情理之中。

主旨解析

《二十年后》描述了两位朋友赴二十年前之约的故事。小说的第一句话写道："一位值勤的警察正沿街走着。"这种开头方式虽简单，却富有戏剧性，给读者留下了深刻的印象，也为后面的情节埋下了伏笔。小说以鲍勃收到一张简短的便条为结尾，这张便条也揭开了所有的悬念，当然也包括鲍勃自己的悬念，这种安排令人拍案叫绝。《二十年后》的结尾秉承了欧·亨利小说的一贯风格——出奇制胜。这种结尾方式备受小说家们的推崇，因而出现在很多外国小说中。

表现手法

普通人读小说，往往对小说结局的关注度最高，因此，一个好的结尾不仅能给读者留下深刻的印象，而且能引发读者的无限回味。一般来说，不同类型的结尾在艺术表达、人物塑造、故事情节上均有不同的作用，所以，作家会根据不同的创作需要选择相应类型的结尾。

欧·亨利以其独特的结尾方式而闪耀文学史。他小说的结尾以意料之外、情理之中而著称，给读者一种强大的冲击力，让读者回味深远，成为意外式结尾的代表。

而这种结尾方式，是通过整体的谋篇布局达成的。在小说伊始，作家就在为结尾的艺术效果做铺垫，通过设置悬念而达到意料之外、情理之中的艺术效果，最终达到一种震撼人心的目的。

综上所述，欧·亨利式结尾已经成为短篇小说创作的一种经典方式。这种结尾通过悬念的设置实现了烘托主题、刻画人物和讽刺现实的巨大艺术效果，赢得了读者的强烈情感共鸣，展现了鲜明的艺术特色，值得读者细细品味。

拓展阅读

最后一片藤叶

在华盛顿广场西面的一个小区里，街道仿佛发了狂似的分成了许多叫作"巷子"的小胡同。这些"巷子"形成许多奇特的角度和曲线。一条街有时和自己就交叉了不止一次。有一次，一个画家发现这条街的一个可贵之处。要是有个收账的，来这条街收颜料、纸张和画布的账款，他准会在转得晕头转向的时候，突然发现自己一毛钱也没收到。

所以，不久之后不少画家就到这个古色古香的老格林尼治村来了。他们逛来逛去，寻求朝北的窗户、18世纪的三角墙、荷兰式的阁楼，以及低廉的房租。然后，他们又从第六街买来一些镴杯子和一两只烘锅，组成了一个"艺术区"。苏艾和琼茜在一座矮墩墩的三层楼砖屋的顶楼设立了她们的画室。"琼茜"是乔安娜的昵称。

她俩一个来自缅因州，一个是加利福尼亚州人。她们是在德尔蒙戈饭馆吃客饭时碰到的，彼此一聊，发现她们对艺术、饮食、衣着的口味十分相投，便联合租下了那间画室。

那是5月里的事。到了11月，一个冷酷的、肉眼看不见的、医生们叫作"肺炎"的不速之客，在艺术区里悄悄地游荡，用他冰冷的手指头这里碰一下那里碰一下。在广场东头，这个破坏者明目张胆地踏着大步，一下子就击倒几十个受害者，可是在迷宫一样、狭窄而铺满青苔的"胡同"里，他的步伐就慢了下来。

肺炎先生不是一个你们心目中行侠仗义的老绅士。一个身子单薄，被加利福尼亚州的西风刮得没有血色的弱女子，本来不应该是这个有着红拳头的、呼吸急促的老家伙打击的对象。然而，琼茜却遭到了打击；她躺在一张油漆过的铁床上，一动也不动，凝望着小小的荷兰式玻璃窗外对面砖房的空墙。

一天早晨，那个忙碌的医生扬了扬他那毛茸茸的灰白色眉毛，把苏艾叫到外边的走廊上。

"我看，她的病只有一成希望，"他说，一面把体温表里的水银甩下去，"这一成希望在于她自己要不要活下去。人们不想活，情愿照顾殡仪馆的生意，这种精神状态使医药一筹莫展。你的这位小姐满肚子以为自己不会好了。她有什么心事吗？""她希望有一天能够去画那不勒斯海湾。"苏艾说。

"绘画？别瞎扯了！她心里有没有值得想两次的事情。比如说，一个男人？""男人？"苏艾像吹口琴似的扯着嗓子说，"男人难道值得——不，医生，没有这样的事。""凡科学能做到的，我都会尽力去做。可要是我的病人开始算计会有多少辆马车送她出丧，我就得把治疗的效果减掉百分之五十。只要你能想法让她对冬季大衣袖子的时新式样感到兴趣而提出一两个问题，那我可以向你保证，把医好她的机会从十分之一提高到五分之一。"

医生走后，苏艾走进工作室，把一条日本餐巾哭成一团湿。后来她手里拿着画板，装作精神抖擞的样子走进琼茜的屋子，嘴里吹着爵士音乐调子。

琼茜躺着，脸朝着窗口，被子底下的身体纹丝不动。苏艾以为她睡着了，赶忙停止吹口哨。她架好画板，开始给杂志里的故事画一张钢笔插图。年轻的画家为了铺平通向艺术的道路，不得不给杂志里的故事画插图，而这些故事又是年轻的作家为了铺平通向文学的道路而不得不写的。

苏艾正在给故事主人公，一个爱达荷州牧人的身上，画上一条在马匹展览会穿的时髦马裤和一片单眼镜时，忽然听到一个重复了几次的低微的声音。她快步走到床边。

琼茜的眼睛睁得很大。她望着窗外，在数数——倒过来数。

"十二，"她数道，歇了一会又说，"十一"，然后是"十"，接着是"九"，再后是几乎同时数出的"八"和"七"。

苏艾关切地看了看窗外。哪儿有什么可数的呢？只见一个空荡阴暗的院子，20英尺以外还有一堵砖房的空墙。一棵老极了的常春藤，枯萎的根纠结在一块，枝干攀在砖墙的半腰上。秋天的寒风把藤上的叶子差不多全都吹掉了，几乎只有光秃的枝条还缠附在剥落的砖块上。

"什么，亲爱的？"苏艾问道。

"六，"琼茜几乎用耳语低声说道，"它们现在越落越快了。三天前还有差不多一百片，我数得头都疼了。但是现在好数了。又掉了一片。只剩下五片了。"

"五片什么，亲爱的。告诉你的苏艾。"

"叶子。常春藤上的。等到最后一片叶子掉下来，我也就该去了。

这件事我三天前就知道了。难道医生没有告诉你？"

"哟，我从来没听过这么荒唐的话，"苏艾满不在乎地说"那些破常春藤叶子同你的病有什么相干？你以前不是很喜欢这棵树吗？得啦，你这个淘气的姑娘。不要说傻话了。瞧，医生今天早晨还告诉我，说你迅速痊愈的机会是——让我想想他是怎么说的——他说你好的概率有十比一！噢，那简直和我们在纽约坐电车或者走过一座新楼房的把握一样大。喝点汤吧，让苏艾去画她的画，好把它卖给编辑先生，换了钱来给她的病孩子买点红葡萄酒，再买些猪排给自己解解馋。"

> 为什么琼茜会把自己的命运系于一片脆弱的叶子？

"你不用买酒了，"琼茜的眼睛直盯着窗外说道，"又落了一片。不，我不想喝汤。只剩下四片了。我想在天黑以前等着看那最后一片叶子掉下去。然后我也要去了。""琼茜，亲爱的，"苏艾俯着身子对她说，"等我画完行吗？明天我一定得交出这些插图。我需要光线，否则我就拉下窗帘了。""你就不能到另一间屋子里去画吗？"琼茜冷冷地问道。"我要在这儿陪你，和你在一起，"苏艾说，"再说，我不喜欢你老是盯着那些叶子看。""你一画完就叫我，"琼茜说着，便闭上了眼睛。她脸色苍白，一动不动地躺在床上，就像是座横倒在地上的雕像。"因为我想看那最后一片叶子掉下来，我等得不耐烦了，也想得不耐烦了。我想摆脱一切，飘下去，飘下去，像一片可怜的疲倦了的叶子那样。""你争取睡一会儿，"苏艾说道，"我得下楼把贝尔曼叫上来，给我当那个隐居的老矿工的模特儿。我一会儿就会回来的。你不要动，等我回来。"老贝尔曼是住在她们这座楼房底层的一个画家。他年过60，有一把像米开朗琪罗的摩西雕像那样的大胡子，这胡子长在一个像半人半兽的森林之神的头颅上，又弯弯曲曲地飘拂在小魔鬼似的身躯上。贝尔曼是个失败的画家。他操了四十年的画笔，还远远没有摸着艺术女神的衣裙。他老是说就要画他的那幅杰作了，可是直到现在他还没有动笔。几年来，他除了偶尔画点商业广告之类的玩意儿以外，什么也没有画过。他给艺术区里穷得雇不起职业模特儿的年轻画家们当模特儿，挣一点钱。他喝酒毫无节制，还时常提起他要画的那幅杰作。除此以外，他是一个火气十足的小老头子，十分瞧不起别人的温情，却认为自己是专门保护楼上画室里那两个年轻女画家的一只看家犬。

苏艾在楼下他那间光线黯淡的斗室里找到了贝尔曼，他满嘴酒气。一幅空白的画布绷在个画架上，摆在屋角里，等待那幅杰作已经25年了，可是连一根线条都还没等着。苏艾把琼茜的胡思乱想告诉了他，还说她害怕琼茜自个儿瘦小柔弱得像一片叶子一样，对这个世界的留恋越来越微弱，恐怕真会离世飘走了。老贝尔曼两只发红的眼睛显然在迎风流泪，他十分轻蔑地嗤笑这种傻呆的胡思乱想。"什么，"他喊道，"世界上竟会有人蠢到因为那些该死的常春藤叶子落掉就想死？我从来没有听说过这种怪事。不，我才没工夫给你那隐居的矿工糊涂虫当模特儿呢。你怎么可以让她胡思乱想？""唉，可怜的琼茜小姐。她病得很厉害，很虚弱，"苏艾说，"发高烧发得她神经昏乱，满脑子都是古怪想法。好吧，贝尔曼先生，你不愿意给我当模特儿就算了，我看你是个讨厌的啰唆鬼""你简直太婆婆妈妈了！"贝尔曼喊道，"谁说我不愿意当模特儿？走，我和你一块去。我不是讲了半天愿意给你当模特儿吗？老天爷，像琼茜小姐这么好的姑娘真不应该躺在这种地方生病。总有一天我要画一幅杰作，那时我们就可以都搬出去了。一定的！"

他们上楼以后，琼茜正睡着觉。苏艾把窗帘拉下，一直遮住窗台，

> 贝尔曼是个什么样的人？他为什么要喊？

做手势叫贝尔曼到隔壁屋子里去。他们在那里提心吊胆地瞅着窗外那棵常春藤。后来他们默默无言，彼此对立了一会。寒冷的雨夹杂着雪花不停地下着。贝尔曼穿着他的旧蓝衬衣，坐在一把翻过来充当岩石的铁壶上，扮作隐居的矿工。

第二天早晨，苏艾只睡了一个小时的觉，醒来了，她看见琼茜无神的眼睛睁得大大地，注视着拉下的绿窗帘。"把窗帘拉起来，我要看看。"她低声地命令道，苏艾疲倦地照办了。然而，"看呀！经过了漫长一夜的风吹雨打，在砖墙上还挂着一片藤叶。它是常春藤上最后的一片叶子了。靠近茎部仍然是深绿色，可是锯齿形的叶子边缘已经枯萎发黄，它傲然挂在一根离地二十多英尺的藤枝上，这是最后一片叶子。"琼茜说道，"我以为它昨晚一定会落掉的。我听见风声了。今天它一定会落掉，我也会死的。""哎呀，哎呀，"苏艾把疲乏的脸庞挨近枕头边上对她说，"你不肯为自己着想，也得为我想想啊。我可怎么办呢？"可是琼茜不回答。当一个灵魂正在准备走上那神秘的、遥远的死亡之途时，她是世界上最寂寞的人了。

那些把她和友人极大地联结起来的关系逐渐消失以后，她那个狂想越来越强烈了。白天总算过去了，甚至在暮色中她们还能看见那片孤零零的藤叶仍紧紧地依附在靠墙的枝上。后来，夜的来临带来呼啸的北风，雨点不停地拍打着窗子，雨水从低垂的荷兰式屋檐上流泻下来。

天刚蒙蒙亮，琼茜就毫不留情地吩咐拉起窗帘来。那片枯藤叶仍然在那里。

琼茜躺着对它看了许久。然后她招呼正在煤气炉上给她煮鸡汤的苏艾。"我是一个坏女孩儿，苏艾，"琼茜说，"天意让那片最后的藤叶留在那里，证明我曾经有多么坏。想死是有罪的。你现在就给我拿点鸡汤来，再拿点掺葡萄酒的牛奶来，再——不，先给我一面小镜子,再把枕头垫垫高,我要坐起来看你做饭。"过了一个钟头,她说道:"苏艾,我希望有一天能去画那不勒斯的海湾。"

下午医生来了,他走的时候,苏艾找了个借口跑到走廊上。"有五成希望,"医生一面说,一面把苏艾细瘦的、颤抖的手握在自己的手里。"好好护理,你会成功的。现在我得去看楼下另一个病人。他的名字叫贝尔曼,听说也是个画家,也是肺炎。他年纪太大,身体又弱,病势很重,他是治不好了,今天要把他送到医院里,让他更舒服一点。"第二天,医生对苏艾说:"她已经脱离危险,你成功了。现在只剩下营养和护理了。"

下午苏艾跑到琼茜的床前,琼茜正躺着,安详地编织着一条无用处的深蓝色毛线披肩。苏艾用一只胳臂连枕头带人一把抱住了她。"我有件事要告诉你,小家伙,"她说,"贝尔曼先生今天在医院里患肺炎去世了。他只病了两天。头一天早晨,门房发现他在楼下自己那间房里痛得动弹不了。他的鞋子和衣服全都湿透了,冰凉冰凉的。他们搞不清楚在那个凄风苦雨的夜晚,他究竟到哪里去了。后来他们发现了一盏没有熄灭的灯笼,一把挪动过地方的梯子,几支扔得满地的画笔,还有一块调色板上面涂抹着绿色和黄色的颜料。还有,亲爱的,瞧瞧窗子外面,瞧瞧墙上那最后一片藤叶。难道你没有想过,为什么风刮得那样厉害,它却从来不摇一摇、动一动呢?唉,亲爱的,它就是贝尔曼的杰作——在最后一片叶子落下来的那天晚上,他把它画在那里的。"

读到这,你的感受是
(　　　　　)。

阅读思考

1. 你觉得这篇小说的主题是什么？
2. "最后一片叶子"是贝尔曼画上去的，文中是否有伏笔？
3. 小说的结局给你什么感受？你觉得这样的结尾有什么好处？

外国小说推荐

《一小时的变故》《警察与赞美诗》《朋友》
在课外阅读中，我还发现（　　　　）中也出现了欧·亨利式的结尾，我要好好读一读。

6 揭开象征的神秘面纱

　　象征在字典里的意思就是用具体事物表现某种特殊意义，因此，象征可以让表达变得含蓄而内涵丰富。也正因如此，很多小说家在创作时，喜欢用象征来让文章的意旨变得隐晦。这就意味着，对于读者而言，要想挖掘作者的言外之意，更深刻地理解小说，必须要揭开象征的神秘面纱。就让我们一起走近"象征"，领略含蓄的魅力！

文本课例

桑吉奈尔的灯塔（节选）

三年前的许多美妙的不眠之夜，我住在桑吉奈尔的灯塔上。在那里，在科西嘉的海岸边，阿雅克修海湾的入口处。你们可以想象一下，一座荒凉的红色岛屿，灯塔位于岛的一个尖角上，另一个尖角上有热那亚式古塔，古塔里住着一只鹰，海水边有一座杂草丛生的荒弃的检疫站；几只山羊，鬃毛在风中摇曳的科西嘉小马；在岛的高处，是灯塔房，海鸟在它四周盘旋，塔上的多面体大灯光芒四射……这便是桑吉奈尔岛。

> 通过这样一个题目，作者想强调什么呢？

三个守塔人，都是矮个子，胡子满腮，面孔棕褐色，皮肤皲裂，都穿着厚羊毛上衣，但神态和性情却不同。他们都是善良、朴实、天真的人，对我这个客人殷勤备至！对他们来说，日子是那么漫长，回陆地时是那么快乐，在灯塔上三十天就可回陆地十天，这是规定；但到了冬天或气候恶劣时，就没规章可循。刮风起浪了，桑吉奈尔白浪滔天，守塔人两个月被困在灯塔上，有时还会陷入更可怕的境况。

"先生，我曾遇到这样一件事，"吃晚饭时，老巴托利对我说道，"五年前，就在我们现在坐的桌子上……那个冬天的晚上，灯塔上只有我和谢戈……我们吃着晚餐，非常平静，突然，我的伙伴停止吃东西，用奇怪的目光看了看我，然后'扑通'一声倒在桌子上，手臂向前伸直，我摇着他：'喂！谢，谢戈！'他死了！我是多么震惊啊！我愣愣地，对着尸体发抖，过了一阵，我突然想到，'灯塔！'我登上灯塔，把灯点亮。夜幕降临……先生，那是怎样的夜晚啊！大海的声音跟平常不一样。我每时每刻都好像听见有人在楼梯上喊我的名字。天刚蒙蒙亮，我将死去的伙伴抱到他的床上，在他身上盖了一床被单，做完祈祷后，立即发出报警信号。"

可怜的老巴托利讲着，前额涌出冷汗，以后，我们常一边吃晚餐，一边交谈，灯塔、大海、海难、科西嘉海盗……之后，太阳偏西，第一个值夜班的人点亮小灯，带上烟斗，水壶，一部厚厚的普鲁塔克的著作以防睡着了，前往塔的高处。片刻，整个灯塔就响起了哗啦啦的链条声、滑轮声和上了发条的大钟的钟摆声。

> 读了这段，守塔人打动了我们。

这时，我跑到房子外面，坐在阳台上。

夕阳落到很低的地方，以越来越快的速度向水里沉下去，把整个天边都拖在它身后。海风习习，海岛变成了紫色。天空中，一只大鸟沉重地飞过，这是城堡的鹰回来了……渐渐地，雾霭从海面上升起来……突然，我的头顶上空射出大量柔和的灯光，灯塔上的灯已经点燃。整个岛屿都笼罩在黑暗之中，但宽阔的海面上却闪着明亮的灯光，我也在黑夜里消失了，从刚才我头顶上一闪而过的强烈光线下消失了……

我摸索着上了小铁梯，铁梯在脚下颤动，我终于到了塔顶。这里，灯火明亮。一盏有六根灯芯的大型卡索灯，灯芯在多面内壁中慢慢转动。我也坐到灯下面，守塔人旁边，他正高声朗读普鲁塔克的著作以防睡着了……外面是茫茫黑夜，无底深渊。海风从小阳台上呼啸而过，像个疯子一样。灯塔嘎吱直响，大海狂呼怒吼。

半夜时分，守塔人站起身，最后瞥了一眼灯芯，我们下去了。在楼梯上碰上第二位值班人揉着眼睛上楼，第一位守塔人把水壶和普鲁塔克的著作交给他。尔后，我们走进底层的那间屋子，里面塞满了链条、大钟摆、锡壶和缆绳。守塔人

> 读到这，题目中灯塔的深意就很明显了。

借助小灯的微弱灯光，在一大本总是开着的灯塔记事簿上写着："午夜。海浪很高。暴风雨。海上有船。"

主旨解析

《桑吉奈尔的灯塔》以第一人称的视角，写了"我"住在桑吉奈尔灯塔上的一段经历。小说以对灯塔及周边环境的描写开篇，以老巴托利的讲述将故事推向高潮，以守塔人记录的情景收尾，让读者在感动于守塔人忠于职守、默默奉献精神的同时，领会题目中"灯塔"的深意。"灯塔"的内涵读者在读后的回味中被无限地挖掘、深化，这正是象征手法的艺术效果！虽然作者仅在题目中使用了象征，但是为了领会其深刻内涵，读者是需要反复阅读、品味文本的。这也启示我们，想要揭开象征的神秘面纱，不能仅局限于作者使用象征的地方，要放眼全篇，才能拨云见雾，收获真谛！

表现手法

象征是用具体的事物表示特殊的含义。具体的事物和特殊的含义可以有相似或共通之处，也可以没有任何关联。运用象征的手法，可以让作者所表达的内涵更加含蓄、深远，耐人寻味。

"象征"这种表现手法和我们所熟悉的"比喻"，有着一定的相似之处：都是通过描写一种事物而言他。但是，二者有着很大的不同，比喻手法中的本体和喻体，必须有相似之处，且比喻修辞手法使用的目的和意义主要是使描写更加生动、形象、具体，有画面感，可以说是化抽象为具体的一个过程；而象征手法的使用，不仅不会有这样的效果，还会使表达更加含蓄，增加了读者的理解难度。

综上所述，象征是联想的艺术，更是暗示的艺术，读者的兴趣在暗示中升级；小说的主旨内涵在暗示中得到升华。读者通过深入分析象征的手法，揭开象征的神秘面纱，可以提升联想能力；可以启迪思想与思维，提升审美意识；还可以加深对小说的理解与领会。

拓展阅读

一小时的故事

大家都知道马拉德夫人的心脏有毛病，所以在把她丈夫的死讯告诉她时是非常注意方式方法的。是她的姐姐朱赛芬告诉她的，话都没说成句，吞吞吐吐、遮遮掩掩地暗示着。她丈夫的朋友理查德也在她身边。

要是别的妇女遇到这种情况，一定是手足无措，无法接受现实，她可不是这样。她立刻一下子倒在姐姐的怀里，放声大哭起来。当暴风雨般的悲伤逐渐减弱时，她就独自走向自己的房里，不要人跟着她。

正对着打开的窗户，放着一把舒适、宽大的安乐椅，全身的精疲力竭，似乎已浸透到她的心灵深处，她一屁股坐了下来。

她能看到房前场地上洋溢着初春活力的轻轻摇曳着的树梢。空气里充满了阵雨的芳香，下面街上有个小贩在吆喝着他的货物。远处传来了什么人的微弱歌声，屋檐下，数不清的麻雀在叽叽喳喳地叫。对着她的窗的正西方，相逢又相重的朵朵行云之间露出了这儿一片、那儿一片的蓝天。

> 这段中，窗户有象征意义。

她坐在那里，头靠着软垫，一动也不动，嗓子眼里偶尔啜泣一两声。她还年轻、美丽，沉着的面孔出现的线条，说明了一种相当的抑制能力。可是，这会儿她两眼只是呆滞地凝视着远方的一片蓝天，从她的眼光看来，她不是在沉思，而像是在理智地思考什么问题，却又尚未做出决定。什么东西正向她走来，她等待着，又有点害怕。那是什么呢？她不知道，太微妙、难解了，可是能感觉得出来。这会儿，她的胸口激动地起伏着。她开始认出来那正向她逼近、就要占有她的东西，她挣扎着决心把它打回去——可是她的意志就像她那白皙纤弱的双手一样软弱无力。当她放松自己时，从微弱的嘴唇间溜出了悄悄的声音。她一遍又一遍地低声悄语："自由了，自由了，自由了！"她的目光明亮而锋利，她的脉搏加快了，循环中的血液使她全身感到温暖、松快。

她知道，等她见到死者那张一向含情脉脉地望着她，如今已是僵硬、灰暗、毫无生气的脸庞时，她还是会哭的，不过她透过那痛苦的时刻看到，来日方长的岁月可就完全属于她了。她张开双臂欢迎这岁月的到来，在那即将到来的岁月里，没有人会替她做主：她将独立生活。再不会有强烈的意志迫使她屈从了，多古怪，居然有人相信，盲目而执拗地相信，自己有权把自己的意志强加于别人。在她目前心智特别清明的一刻里，她看清楚了：促成这种行为的动机无论是出于善意还是出于恶意，这种行为本身都是有罪的。

当然，她是爱过他的——有时候是爱他的，但经常是不爱他的。那又有什么关系！有了独立的意志，爱情这未有答案的神秘事物，又算得了什么呢！"自由了！身心自由了！"她悄悄低语。

朱赛芬跪在关着的门外，苦苦哀求让她进去。"露易丝，你干什么呢？看在上帝的分儿上，开开门吧！""去吧，我没事。"她正透过那扇开着的窗子畅饮那真正的长生不老药呢，在纵情地幻想未来的自由美好岁月，春天，还有夏天，以及所有各种时光都将为她自己所有。她终于站了起来，在她姐姐的强求下，打开了门。

> 这一段中，开着的窗子依然象征着自由。

她眼睛里充满了胜利的激情，搂着姐姐的腰，一齐下楼去了。

有人在用弹簧锁钥匙开大门。进来的是布兰特雷·马拉德，略显旅途劳顿，但泰然自若地提着他的大旅行包和伞。他不但没有在发生事故的地方待过，而且连出了什么事也不知道。他站在那儿大为吃惊地听见了朱赛芬刺耳的尖叫声；看见了理查德急忙在他妻子面前遮挡着他的快速动作。

不过，理查德已经太晚了。

医生来后，他们说她是死于心脏病——说她是因为极度高兴致死的。

阅读思考
1. 小说中对景物的描写有什么作用呢？
2. 在《一个小时的故事》中，多次提及了"门"和"窗"，有什么深层含义吗？
3. 通过这篇小说，作者想要表达什么呢？

外国小说推荐
《老人与海》《彩票》《外套》
在课外阅读中，我还发现（　　　　　）中也出现了象征的手法，我要好好读一读。